Indianer Leben
Eine Werkstatt

Ruben Wickenhäuser

Nach der neuesten Fassung der Rechtschreibregeln – gültig ab August 2006!

Verlag an der Ruhr

Impressum

Titel:	Indianer-Leben *Eine Werkstatt*
Autor:	Ruben Wickenhäuser
Illustrationen:	Ruben Wickenhäuser
Fotos:	Ruben Wickenhäuser
	Bernd Parusel (S. 40) Roland Wickenhäuser (S. 24, links)
	Historische Quellen
Druck:	Druckerei Uwe Nolte, Iserlohn
Verlag:	**Verlag an der Ruhr** Alexanderstraße 54 45472 Mülheim an der Ruhr Postfach 10 22 51 45422 Mülheim an der Ruhr Tel.: 02 08 / 439 54 50 Fax: 02 08 / 439 54 39 E-Mail: info@verlagruhr.de www.verlagruhr.de

© **Verlag an der Ruhr 2003**
ISBN 10: 3-86072-785-0 (bis 12/2006)
ISBN 13: 978-3-86072-785-0 (ab 2007)

geeignet für die Klasse  3 4 5

Ein weiterer Beitrag zum Umweltschutz:

*Das Papier, auf das dieser Titel gedruckt ist, hat ca. **50% Altpapieranteil**, der Rest sind **chlorfrei** gebleichte Primärfasern.*

Die Schreibweise der Texte folgt der neuesten Fassung der Rechtschreibregeln – gültig ab August 2006.

Alle Vervielfältigungsrechte außerhalb der durch die Gesetzgebung eng gesteckten Grenzen (z.B. für das Fotokopieren) liegen beim Verlag. Der Verlag untersagt ausdrücklich das Speichern und Zur-Verfügung-Stellen dieses Buches oder einzelner Teile davon im Intranet, Internet oder sonstigen elektronischen Medien.
Kein Verleih.

Inhalt

	Seite
Einführung	5–7
Weiterführende Bastelanregungen	8/9
Arbeits-Pass	10

Grundlagen

Wer sind die Indianer?

Die Indianer	11
Die Geschichte der Indianer	12
Die Weißen kommen!	13
Indianervölker	14–16

Alltagsleben

Die Häuser der Indianer	17
Ein Zeltplatz	18
Fischerboot und Lederzelt	19
Federbusch und Goldkrone	20
Kriegszüge	21
Kakao und Maisfladen	22
Die Jagd	23
Eine kleine Rindviecherei	24
Supermarkt auf vier Beinen	25
Indianer sprechen anders	26
Wörterbuch	27/28
Zeichensprache	29
Schriften	30
Wintererzählungen	31
Familie und Erziehung	32
Wann ist man erwachsen?	33
Unterricht für Lakota-Jungen	34/35
Scharfe Sinne	36
Großer Geist und Huitzilopochtli	37

Indianer heute

Immer weniger Land	38
Indianer-Reservate	39
Reiten ist klasse!	40
Teufelskreis	41
Ein Schultag bei den Lakota	42

Indianer-Leben
Eine Werkstatt

Inhalt

Seite

Weiterführendes

Indianer-Leben

Das liebste Spielzeug 43
Großer Adler, Wilder Bison 44
Tausche Pfeil gegen Kürbis 45
Der Monat des Gewitters 46
Berühmte Indianer 47–49

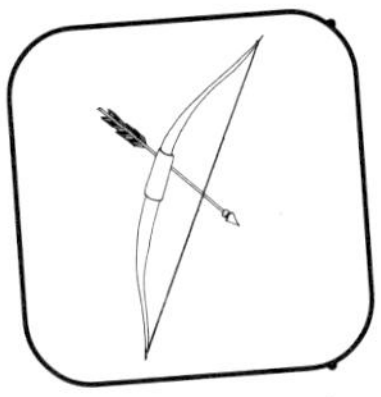

Sport und Spiel

Spiele zum Mutigsein 50
Die Kupferkopfschlange 51
Bisonjagd 52
Köcher, Pfeil und Bogen 53–55
Durch die Badlands 56
Indianer-Spiel 57
Fragekarten 58–60
Spielplan 61

Kritisches Denken

Indianerfedern und Gamsbart 62
Die Magie der Vergangenheit 63
Indianer sein – die schönste Sache der Welt? 64
Der Goldene Bison 65
Das Internet 66
Sind Indianer die besseren Menschen? 67

Anhang

Literaturliste 69
• Bücher für Kinder 69
• Material für Lehrer 70
• Internetseiten 73
Lösungen 74/75

Einführung

Indianer – Ein Thema in der Grundschule

Willkommen bei der Indianer-Werkstatt!

Spricht man das Thema **Indianer** an, so können sich die meisten Kinder spontan dazu äußern. Der Begriff „Indianer" löst häufig zahlreiche Assoziationen aus, bei denen Kenntnisse aus Filmen mit eigenen Vorstellungen und Wünschen verknüpft werden.

Über das tatsächliche Leben der Indianer von damals und heute ist dabei jedoch oft nur wenig bekannt. Des Weiteren ist unsere gängige Bezeichnung der **Ureinwohner Amerikas** problematisch. Während im Deutschen der Begriff „indigene amerikanische Völker" korrekt wäre, ist er für den Alltagsgebrauch im Schulunterricht zu sperrig. Also muss auf den Begriff „Indianer" zurückgegriffen werden.

Da dieser Name mit vielen **Klischees** behaftet war und zum Teil immer noch ist, ermöglicht er es vielleicht aber auch, eben diese Klischees umso besser aufzugreifen und zu hinterfragen.

Heutzutage werden die **Vorurteile** in Bezug auf die Indianer zwar vermehrt hinterfragt, aber trotzdem selten aufgelöst. Gleichermaßen sorglos ist der Umgang mit dem Bau spiritueller Gegenstände wie „Geistertrommeln" und „heiligen Pfeifen" oder dem Nachahmen religiöser **Rituale**. Aus Respekt sollte man darauf verzichten oder in Grenzfällen die Herangehensweise gründlich bedenken.

Um den vielfältigen Problemstellungen gerecht zu werden, verfolgt die Werkstatt verschiedene **Schwerpunkte**.

◈ Sie soll den Kindern die Welt jener **Kulturen** nahe bringen, die früher in Amerika existierten, und ein Bewusstsein für ihre Vielfalt schaffen. Da allerdings die Plainsvölker, also beispielsweise „Sioux" (= Lakota) oder Cheyenne, bei uns durch Bücher und Filme besonders bekannt sind und das allgemeine Indianerbild geprägt haben, wird schwerpunktmäßig auf diese Völker eingegangen.

◈ Sie soll dazu anregen, Behauptungen und allgemein akzeptierte Annahmen kritisch und selbstständig zu hinterfragen. Ein Bewusstsein für den notwendigen **Respekt** vor anderen Kulturen soll geweckt werden, ohne den „traumhaften" Aspekt des Indianerbildes zu zerstören. An authentischen Fertigungstechniken orientierte Bastelanleitungen für Pfeil und Bogen beispielsweise ermöglichen eine **praktische Auseinandersetzung** mit den Plainskulturen, die Kinder häufig besonders faszinieren. Zugleich würdigen sie die kulturellen Leistungen der Indianer. **Hinweis:** Der Begriff „Plains" wird in der Werkstatt der Verständlichkeit halber mit „Prärie" gleichgesetzt.

◈ Aber nicht nur die Vergangenheit behandelt diese Werkstatt. Vielmehr will sie darauf aufmerksam machen, dass es die Völker, über die man so gut in Geschichten und Filmen träumen kann, noch heute gibt, und dass sie mit enormen Problemen zu kämpfen haben: Die Kinder erfahren etwas über die **heutige Situation** der nordamerikanischen Indianer. Hier soll zum Nachdenken über Ursachen, aber auch Auswege angeregt werden.

Einführung

Umsetzung und Einbettung in den Unterricht

Die Werkstatt ist für den Gebrauch in der Grundschule ausgelegt und kann ab dem 3. Schuljahr eingesetzt werden. Es gibt **Angebote** für leistungsstärkere ebenso wie für schwächere Kinder. Es bietet sich an, die umfangreicheren **Infoblätter** z.B. als Einstieg in ein Schwerpunktthema gemeinsam im Klassenverband zu lesen. Neben Informationen beinhalten die Angebote eine Vielfalt an **Aufgaben- und Fragestellungen.** Die Kinder sollen dabei eigene Erfahrungen einbringen können und die Informationen über die Indianerkulturen mit eigener Fantasie in ihrem Lebensumfeld umsetzen.

Einige **Arbeitsblätter** müssen nicht kopiert werden, sondern können gemeinsam an der Tafel oder mündlich bearbeitet werden.

Auf den Arbeitsblättern ist der **Arbeitsauftrag** mit folgendem Symbol gekennzeichnet:

Der Großteil der Arbeitsblätter ist für die mehrmalige Verwendung geeignet, da die Kinder oft nichts darauf schreiben, sondern die Aufgaben im Heft bzw. auf einem Extra-Zettel erledigen sollen.

Wo die selbstständige **Lösung** durch die Kinder, z.B. beim Zuordnen von Begriffen, zu schwierig erscheint, kann eine vom Lehrer* geleitete Diskussion um die richtige Zuordnung geführt werden. Die Lösungen finden Sie zu diesem Zweck auf Seite 74/75.

*Aus Gründen der besseren Lesbarkeit wurde durchgehend die männliche Form verwendet. Natürlich sind damit auch immer Frauen und Mädchen gemeint, also Lehrerinnen, Pädagoginnen, Schülerinnen usw.

Falls möglich, sollen die Kinder zu eigenen **Recherchen,** z.B. in der Bücherei, angeregt werden. Es empfiehlt sich, eine Amerika-Wandkarte im Klassenraum aufzuhängen, damit die Kinder sich z.B. beim Angebot „Indianervölker" (S. 14–16) besser orientieren können. Vom Lehrer kann ein **Projektordner** angelegt werden, der beispielsweise durch die gleichen Kapitel wie die Werkstatt strukturiert ist, und dem Kopien und Notizen aus eigenen Recherchen hinzugefügt werden können. Der ergänzende Besuch eines entsprechenden Museums wäre natürlich ideal.

In der **Literaturliste** (S. 69–73) werden auch Bücher und eine kleine Auswahl an Filmen für den Lehrer empfohlen, die der Einstimmung auf das Projekt dienen können. Es empfiehlt sich, einen **Büchertisch** in der Klasse aufzubauen, auf dem die Kinder ihre eigenen Indianerbücher von zu Hause ausstellen dürfen.

Aufbau der Werkstatt

1. Grundlagen

Der erste Teil der Werkstatt dient der Vermittlung eines Grundwissens über Geschichte, Kultur und Vielfalt der indianischen Völker. Die Arbeitsblätter lassen sich Grundfragen zuordnen, beispielsweise: Wie wohnten die Indianer?, Wie kleideten sie sich?, Was aßen sie?, Wie sah ihr Alltag aus? etc. Der Grundlagen-Teil ist in folgende Kapitel gegliedert:

Wer sind die Indianer?

Alltagsleben

Indianer heute

Einführung

2. Weiterführendes

Haben sich die Kinder ein Grundwissen erarbeitet, können sie dieses Wissen im zweiten Teil vertiefen und noch mehr aus dem Indianer-Leben erfahren. Hier werden sie auch zum kritischen Denken und zum Hinterfragen angeregt. Graue Theorie muss gewürzt werden, und was würde sich zum Thema Indianer wohl besser anbieten als Spiele und Bastelanleitungen für Pfeil und Bogen? (s. S. 8/9: „Weiterführende Bastelanregungen"). Im weiterführenden Teil finden sich Angebote zu den Themen:

Indianer-Leben

Sport und Spiel

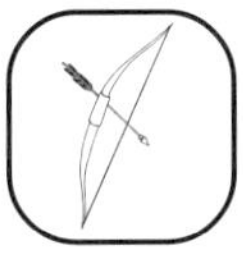

Kritisches Denken

3. Anhang

Neben Sachbüchern und Romanen für Kinder findet sich hier auch die Literaturliste für Lehrer. Um sich einen Überblick über die Literatur zu aktuellen Problemen in Mittel- und Südamerika zu verschaffen, sei der Besuch eines Eine-Welt-Ladens empfohlen.

Arbeits-Pass

Den Arbeits-Pass finden Sie als **Blanko-Vorlage** (S. 10), damit Sie ihn für Ihre Klasse, evtl. sogar für jedes Kind, individuell ausfüllen können. Je nach den Fähigkeiten und Voraussetzungen der Kinder können Sie eine unterschiedliche Anzahl von Angeboten als verbindlich vorgeben. Zusätzlich können Sie Wahl- oder Zusatzaufgaben markieren.

Der Arbeits-Pass informiert Sie und die Kinder über den aktuellen Stand der Arbeit. Die Angebote, die die Kinder bearbeitet haben, werden abgehakt und können dann von Ihnen kontrolliert werden. Oben tragen die Kinder zunächst ihren Namen ein und daneben den „Indianer-Namen", den sie verliehen bekommen (siehe Angebot „Großer Adler, Wilder Bison", S.44).

Über den Autor

Ruben Wickenhäuser, Schriftsteller, Historiker M. A., promoviert an der Humboldt-Universität im Bereich Wissenschaftsgeschichte. Er war Vorstand und Leiter von Jugendgruppen und ließ sich schon bei seinem Erstlingswerk vom Thema Indianer faszinieren. Im Rahmen eines mehrwöchigen binationalen Lakota-Jugendaustauschs lernte er das Reservat von Pine Ridge kennen.
Im **Verlag an der Ruhr** veröffentlichte er „Indianer-Spiele"*, eine mit Quellennachweisen versehene Sammlung von etwa 120 Spielen der indigenen nordamerikanischen Völker.
Der Autor hat ein umfangreiches Programm für Veranstaltungen zum Thema Indianer (Lesung mit Dias, Indianer-Spiele oder Workshops usw.) erarbeitet.
Sie können ihn für eine Veranstaltung an Ihrer Schule buchen.
Mehr über den Autor und seine Veröffentlichungen, sowie zu seinem Lesungsprogramm für Schulen finden Sie im Internet unter **www.uhusnest.de**

Mein herzlicher Dank für die sorgfältige pädagogische Durchsicht der Werkstatt gilt Eva vom Jugendhaus NaunyRitze/Kreuzberg sowie Katharina Hartleben und Gisela Mika.

* Ruben Philipp Wickenhäuser: **Indianer-Spiele.**
Spiele der Ureinwohner Amerikas für die Kids von heute.
Verlag an der Ruhr, 1997. ISBN 3-86072-293-X

Weiterführende Bastelanregungen

Einige Basteleien können für die Kinder gefährlich sein, wenn sie ohne Hilfe des Lehrers durchgeführt werden. Hier wird mit Messern, heißem Wasser usw. hantiert.
Da Ihnen diese Angebote jedoch nicht vorenthalten werden sollen, finden Sie im Folgenden die Anleitungen.
Selbstverständlich tragen Sie die volle Verantwortung dafür. Autor und Verlag übernehmen keinerlei Haftung – was auch für alle anderen Arbeitsangebote der Werkstatt gilt.

Specksteinschmuck

Im Rahmen des Werkunterrichts können Speckstein-Anhänger gebastelt werden, um einen kleinen Einblick in die Schmuckkunst zu bekommen. Die Kinder können sich ein Tier aussuchen, das für sie eine besondere Bedeutung hat. Sie zeichnen seine Umrisse auf ein Stück Papier und übertragen sie dann auf die Specksteinscheibe. Dann kann das Tier mit einer Säge herausgesägt werden. Als Augen kann man Glasperlen aufleimen. Mit einem hineingebohrten Loch können die Kinder es als Glücksbringer mit sich tragen.

Indianerdorf

Ebenfalls im Werkunterricht könnte man ein Dorf auf einer großen Basisplatte nachbauen, z.B. mit Zelten aus Zahnstochern und Stoffresten, Sträuchern aus Moos, Menschen und Tieren aus Knete usw.

Ein Bogen ...

(siehe auch S. 55)
Das getrocknete Bogenholz kann gebogen werden, indem man den Schaft über brodelndes Wasser hält und im Wasserdampf erhitzt. Danach packt man den Bogen an beiden Enden, drückt die Mitte des Bogens gegen das angezogene Knie (Handtuch gegen Verbrennungen darüber legen) und zieht kräftig, bis der Bogen in der gewünschten Form bleibt. Als Nächstes kann man das Holz mit einem in warmem Speiseöl getränkten Lappen einreiben.

... für eine Hasenjagd!

Nachdem Bogen und Pfeile (s. S. 53–55) gebastelt worden sind, kann dieses schwungvolle Spiel mit den Kindern veranstaltet werden.

Material:
Dünne Weidenzweige, anderes biegsames Holz oder Hula-Hoop-Reifen; Paketschnur oder Leinengarn.

So geht's:
Ein Rad aus Weidenzweigen ist der „Hase". Dazu wird aus den dünnen, biegsamen Zweigen ein großer Ring geflochten und mit Schnur zusammengebunden. Man kann auch ein Netz in den Ring einflechten. Wer sich die Arbeit nicht machen möchte, kann auch einen Hula-Hoop-Reifen nehmen. Der „Hase" wird jetzt über eine Wiese gerollt. Dazu steht derjenige, der das Rad rollt, entweder neben den Schützen oder hinter einer sicheren Deckung schräg vor ihnen. Die Schützen versuchen, einen Pfeil durch das rollende Rad zu schießen. Die meisten Punkte bekommt ein Spieler, der durch das Rad hindurch schießt, ohne es im Lauf aufzuhalten. Prallt ein Pfeil vom Rad ab, gibt es keine Punkte und das Rad wird erneut gerollt.

Weiterführende Bastelanregungen

Die Schwitzhütte

Das folgende **Projekt** kann im Rahmen von Projekttagen durchgeführt werden und verspricht einen sehr ungewöhnlichen und bleibenden Eindruck zum Thema Indianer. Der Nachbau einer Schwitzhütte sollte mit den Kindern gut vorbereitet werden, da dieses Gebäude eine hohe religiöse Stellung einnimmt, ähnlich der einer christlichen Kapelle. Schwitzhütten wurden auch für die alltägliche Erfrischung gebaut, wobei auch hier Gebete eine große Rolle spielten. An dieser Stelle soll eine „Alltagsschwitzhütte" zum Nachbau empfohlen werden, die ausdrücklich keinem religiösen Zweck folgen und nur der Besichtigung dienen darf. Daher fehlen hier auch entscheidende Bestandteile der religiösen Schwitzhütte, wie z.B. die Ausrichtung der Hütte u.Ä.

Hinweis: Es sollten sicherheitshalber nur Saunasteine verwendet werden, keinesfalls Flusssteine oder Quarze, weil diese zerbersten können, wenn sie in glühendem Zustand mit kaltem Wasser übergossen werden. Um einen bleibenden geruchlichen Eindruck zu hinterlassen, kann aromatisches Gewürzkraut über die Steine gestreut werden, das knisternd verdampft. Wenn es dann in dem finsteren Raum ordentlich heiß geworden ist, darf jeder einen Blick hineinwerfen. Der Eindruck von der heißen und finsteren „Höhle" wird den Kindern dauerhaft in Erinnerung bleiben.

Material:
12 Weidenruten, an einem Ende daumendick (ca. 2 cm) und 3 m lang; viel Schnur; Decken oder alte Zeltplanen; Saunasteine; ein Spaten; offenes Feuer.

Bauanleitung: Die Weidenruten werden in einem Kreis mit etwa 2–2,5 m Durchmesser in gleichmäßigem Abstand in den Boden gesteckt. Im Zentrum des Kreises wird ein Loch ausgehoben, das mindestens 20 cm Durchmesser und 30 cm Tiefe haben sollte. Nun werden die sich gegenüberstehenden Weidenruten zur Mitte des Kreises hin gebogen und mit Schnur zusammengebunden, sodass eine Kuppel entsteht. Wenn die Konstruktion stabil ist, wird das Gerüst mit Decken zugedeckt, bis kein Licht mehr ins Innere dringt. Die Saunasteine werden im offenen Feuer erhitzt und anschließend mit Hilfe der Schaufel herausgeholt und in das Loch in der Hütte gelegt. Nun wird Wasser über die heißen Steine gekippt. Warten Sie, bis die Temperatur hoch genug geklettert ist. Die Schwitzhütte ist bereit zur Besichtigung!

Diskussionsgrundlage: Dies kann auch im Religionsunterricht ein guter Ansatzpunkt zum Thema Respekt vor anderen Kulturen und Religionen sein.

# Arbeits-Pass

Name: _____ genannt: _____

Angebot	erledigt am	kontrolliert am

Indianer-Leben Eine Werkstatt

# Die Indianer

Sicher kennst du aus dem Fernsehen und aus Büchern die **Indianer.** Vielleicht hast du sogar schon Indianer gesehen. Manchmal werden die Indianer in Geschichten „Rothäute" genannt. Ihre Hautfarbe ist aber dunkelbraun bis fast weiß, je nach Region. Der Begriff „Rothaut" stammt wahrscheinlich von der roten **Farbe,** mit der sich viele Indianerstämme bei **Kriegszügen** bemalten.

 Welche Geschichten oder Filme von Indianern kennst du? Hast du vielleicht einen „Lieblingsindianer"? Schreibe seinen Namen auf.

 Wie stellst du dir einen Indianer vor?
Schreibt in die Mitte der Tafel oder eines großen Blattes das Wort „Indianer". Sammelt nun gemeinsam Begriffe, die ihr mit den Indianern verbindet, z.B. „Mut".
Schreibt sie außen herum. Ihr könnt anschließend die Begriffe mit Linien verbinden, so wie es am besten passt.

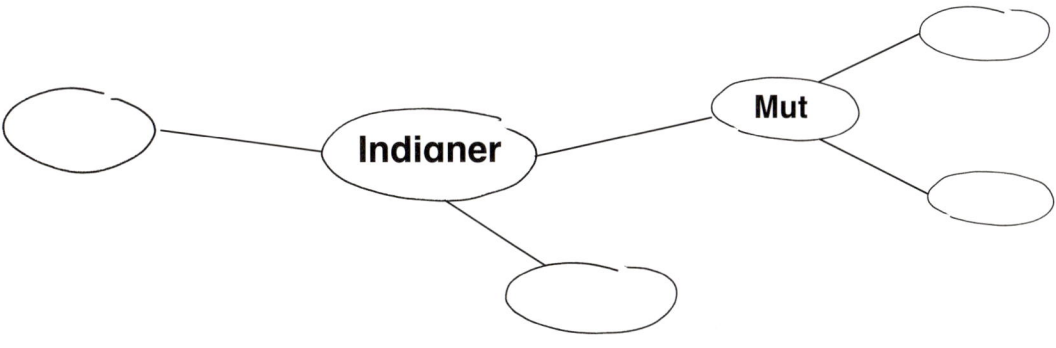

 Male einen Indianer, so wie du ihn dir vorstellst.
Überlege, was ihn besonders indianisch macht.

 Schau dir die alte Fotografie auf dem Arbeitsblatt „Indianerfedern und Gamsbart" (S. 62) an. Vergleiche dein gemaltes Bild damit. Dieser für uns typisch aussehende Indianer gehört zu einem Stamm, der nur einen winzigen Teil aller Indianer in Amerika ausmachte. Die meisten Indianer kleideten sich ganz anders und sahen auch anders aus.

Die Geschichte der Indianer

Es hat nicht schon immer Menschen in **Amerika** gegeben. So genau weiß man bis heute nicht, wann die Indianer nach Amerika eingewandert sind. Vermutlich sind sie vor etwa 15 000 – 30 000 Jahren aus Asien nach Amerika gekommen. Zu dieser Zeit verband eine Landbrücke, die Beringstraße, die beiden Kontinente miteinander. Weil Gletscher einen Großteil Nordamerikas versperrten, wanderten die Indianer an der Ostseite entlang nach **Südamerika.** Als dann die Gletscher zurückgewichen waren, besiedelten sie auch ganz **Nordamerika** – und das, ohne das Rad als Hilfsmittel zu kennen. Je nach Umgebung entwickelten sich sehr unterschiedliche **Kulturen.** Das heißt, die Lebensweise der Menschen war verschieden.

 Ordne den Gebieten die Lebensweise zu, die dazu am besten passt.

- Bisonjäger
- Fischer
- Ackerbauern
- Schmuckhersteller
- Jäger und Sammler

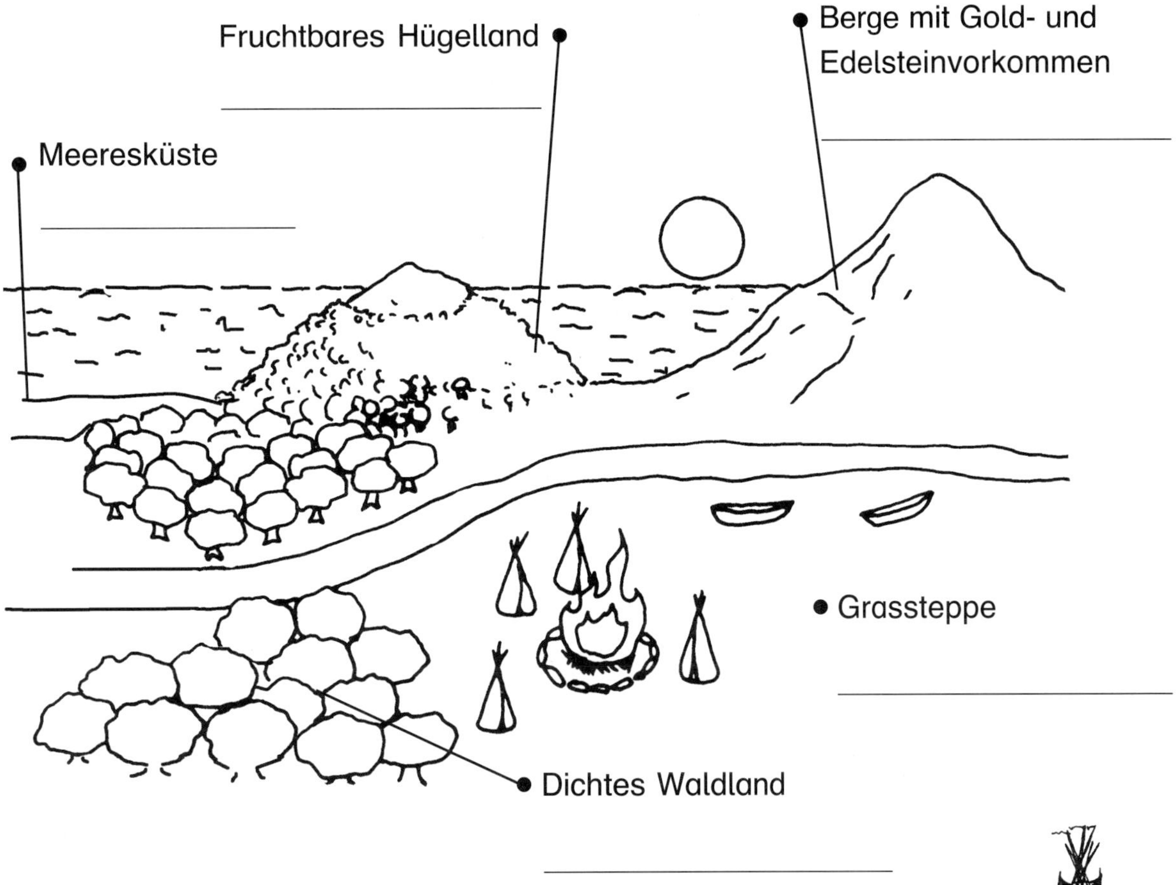

- Fruchtbares Hügelland
- Berge mit Gold- und Edelsteinvorkommen
- Meeresküste
- Grassteppe
- Dichtes Waldland

Die Weißen kommen!

Bis zum Jahr 1492 waren die Indianer unter sich. Die **Wikinger** sind im Jahr 1000 zwar kurz in Amerika gewesen, kamen aber nie wieder. 1492 „entdeckte" dann **Kolumbus** Amerika. Da er nichts von einem amerikanischen Kontinent wusste, glaubte er, in Indien gelandet zu sein, und nannte die Einheimischen „Indianer". Der Name „Amerika" geht auf den Seefahrer **Amerigo Vespucci** zurück. Er machte den Kontinent mit seinen Reiseberichten bekannt.

Als man den Goldschmuck der Indianer in Mittel- und Südamerika sah, segelten immer mehr **Europäer** nach Amerika. Viele wollten das Gold haben und reich werden. Aus **Goldgier** töteten sie unzählige Indianer. Außerdem flüchteten Europäer vor Hungersnöten und vor den Herrschern ihrer Heimatländer. Zwischen den Einwanderern und den Indianern kam es zu erbitterten **Kämpfen.**

Indianer und Einwanderer führten nicht nur Kriege, sondern schlossen auch **Bündnisse.** Sie waren allerdings meist für die Einwanderer nützlicher als für die Indianer. In Amerika lernten die Einwanderer viele Dinge kennen, die sie zuvor nicht kannten, wie Kartoffeln, Tomaten oder Kakao.

Nach Amerika brachten sie unter anderem Schießpulver, Waffen aus Eisen und Pferde, die in Amerika ausgestorben waren. Einige Stämme lernten Pferde erst um 1750 kennen!

Außerdem schleppten die Siedler Krankheiten ein, gegen die die Indianer hilflos waren. Durch solche **Seuchen** wurden ganze Indianerdörfer in kurzer Zeit ausgerottet.

Während sich in Mittel- und Südamerika überwiegend **Spanier** und **Portugiesen** niederließen, begannen in Nordamerika auch **Franzosen** und **Engländer** zu siedeln. Ab 1773 sagten sich die englischen Siedler von England los und bildeten einen eigenen Staat: Die **Vereinigten Staaten von Amerika.**

Der Westen Nordamerikas, der Frankreich gehörte, war nur sehr dünn besiedelt. 1803 kauften die Amerikaner dieses Land von **Napoleon.** Daraufhin breiteten sich Siedler schnell nach Westen aus und bauten Eisenbahnlinien und Städte. Sie vertrieben die Indianer aus ihren Heimatgebieten in karge Gebiete, die man **Reservate** nennt. Diese Reservate gibt es noch heute.

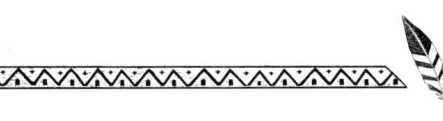

 # Indianervölker (1)

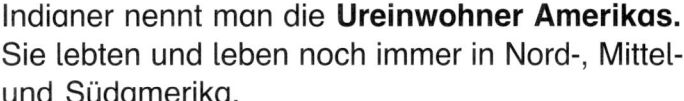

Indianer nennt man die **Ureinwohner Amerikas.**
Sie lebten und leben noch immer in Nord-, Mittel- und Südamerika.
Es gibt viele unterschiedliche **Indianervölker.**
Indianer der einzelnen Völker hatten verschiedene Häuser, Kleidung oder Berufe und ganz spezielle Besonderheiten. Hier werden dir ein paar vorgestellt.

 Schneide die Infokästen aus und hefte sie auf einer Amerika-Wandkarte an die richtige Stelle. Auf der Karte vom Arbeitsblatt 3 (S. 16) findest du die Gebiete, in denen die Indianervölker gelebt haben. Trage die richtigen Namen ein.

 Achte auf die Häuser!

 Suche in Sachbüchern und im Internet Informationen über weitere Indianervölker. Stelle selber neue Infokästen her.

Azteken

Wohnform: Städte mit Häusern
Häuser: Steinhäuser, Lehmhütten
Berufe: Händler, Handwerker, Soldaten und Bauern
Kleidung: Baumwolle
Schrift: Bilderschrift (Glyphen)
Besonderes: Sternbeobachtungen, Goldschmuck, Jahreskalender. Die Hauptstadt Tenochtitlan war 1519 eine der größten Städte der Welt!

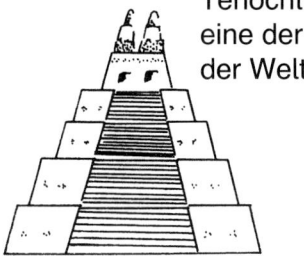

Arikara

Wohnform: Dörfer hinter Holzwällen
Häuser: Hütten aus Lehm und Holz
Berufe: Bauern und Händler (Tauschhandel)
Kleidung: Leder
Schrift: nicht bekannt
Besonderes: zogen im Sommer in Zelten zur Jagd aufs Grasland

Indianervölker (2)

Cheyenne

Wohnform: Zeltdörfer
Häuser: Lederzelte
Berufe: Jäger (Bisonjagd) und Händler (Tauschhandel mit Pelzen und Leder)
Kleidung: Leder
Schrift: Wintererzählungen
Besonderes: Ähnlich lebten die sog. „Sioux" (= Lakota)

Yanomami

Wohnform: Dörfer
Häuser: Hütten aus Ästen und Laub
Berufe: Jäger, wenige Bauern, Sammler und Händler (Tauschhandel)
Kleidung: nackt
Schrift: nicht bekannt
Besonderes: lebten noch bis vor wenigen Jahren wie früher

Inuit

Wohnform: Siedlungen in der Arktis
Häuser: Iglus, Häuser aus Walknochen und Grasstücken
Berufe: Robbenjäger und Händler (Tauschhandel)
Kleidung: Pelze
Schrift: nicht bekannt
Besonderes: mussten zeitweise bis −50 °C Kälte überstehen

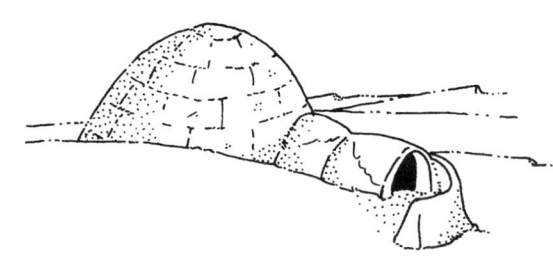

Nootka

Wohnform: Dörfer, meist an der Küste
Häuser: Giebelhäuser aus Zedernholz
Berufe: Fischer und Händler (Tauschhandel)
Kleidung: Baströcke, Webereien, Tätowierungen. Männer und Kinder im Sommer auch nackt.
Schrift: nicht bekannt
Besonderes: „Totempfähle" mit Wappen, Schnitzkunst

Indianervölker (3)

Amerika-Karte

Die Häuser der Indianer

Die indianischen Völker Amerikas hatten sehr verschiedene **Lebensbedingungen.** Dazu gehörte auch, dass sie in unterschiedlichen **Häusern** wohnten.
Je nachdem, in welcher Region das Volk lebte, mussten die Häuser gegen Kälte, Hitze oder Regen schützen. Sie mussten aus dem Material sein, das in der Umgebung reichlich vorhanden war. Und sie mussten zur **Lebensform** der Menschen passen. Manche Völker, die so genannten Nomadenvölker, änderten häufig ihren Wohnort. Sie mussten daher sehr schnell ihre Häuser auf- und abbauen können. Andere Indianer wiederum lebten ständig an einem Ort.

 Schneide die Häuser aus und klebe sie auf ein Blatt. Überlege, zu welchen Wetterbedingungen, Lebensräumen und Lebensformen diese Behausungen passten. Schreibe deine Überlegungen daneben.

 Vielleicht findest du auch heraus, welche Völker in diesen Häusern lebten. Das Angebot „Indianervölker" (S. 14–16) hilft dir dabei. Schaue auch in Sachbüchern nach und ergänze.

Wetter	Lebensraum	Lebensform
• wenig Regen • sehr heiß, viel Sonne • sehr kalt • viel Regen	• Prärie mit Bisons • Steinwüste • große Wälder • Schnee und Eis • Urwald	• Nomadenvölker • Völker mit einem festen Wohnort

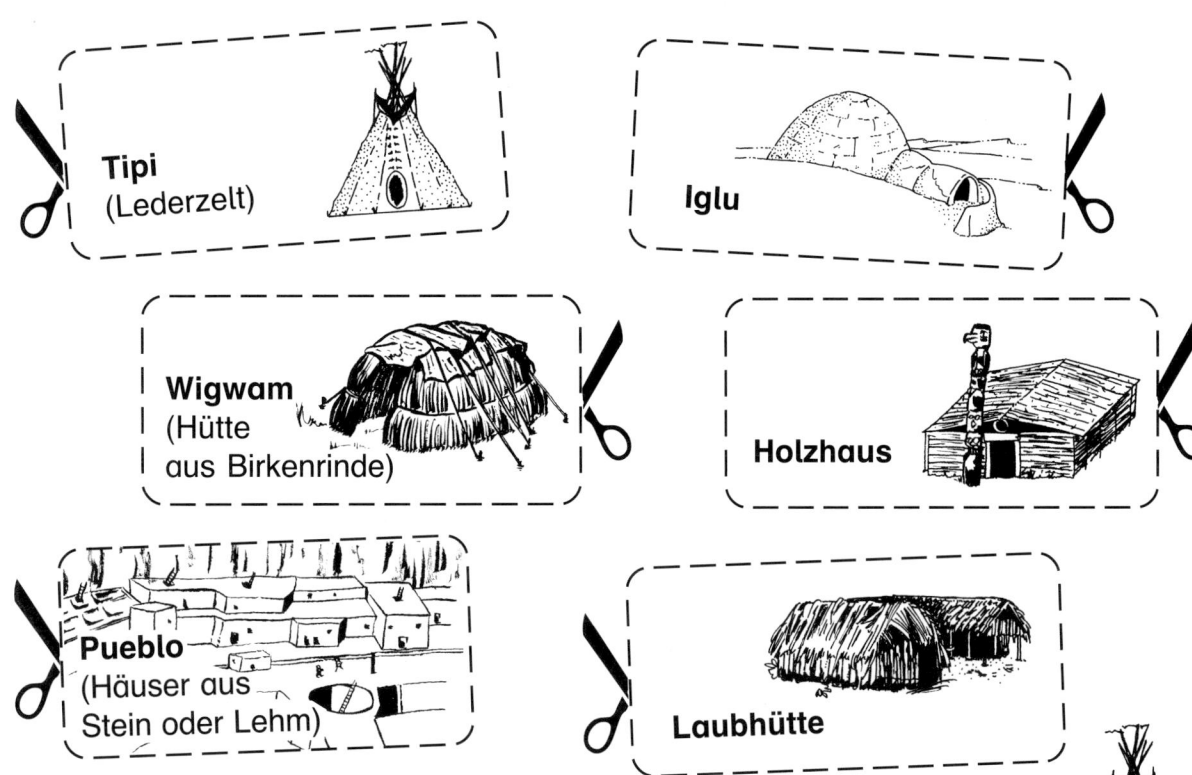

Ein Zeltplatz

Im Angebot „Die Häuser der Indianer" (S. 17) kannst du lesen, dass unterschiedliche Indianervölker in ganz verschiedenen Häusern lebten. Die wohl berühmteste Wohnform ist das **Indianerzelt**, das so genannte **Tipi**.

Stell dir vor, du bist Mitglied eines kleinen Indianerstammes. Jäger haben eine Bisonherde gesichtet. Dein Dorf soll in die Nähe der Herde verlegt werden, um die Tiere besser jagen zu können. Ergänze die Beschreibung eurer Ankunft, indem du die Lücken füllst.

(Pferde) (Erde) (Schwitzhütten) (Hunde)
(Koppel) (Zeltplatzes)
(Dorf) (Dreibeine) (Tipis) (Lagerfeuer)

Endlich hatten die Späher eine große Wiese mit einem Bächlein gefunden, ein guter Platz für das _ _ _ _ . Die Frauen schnallten die Transportschlitten von den Rücken der _ _ _ _ _ _ und _ _ _ _ _ .
Als Erstes stellten sie die _ _ _ _ _ auf.
Dazu wurden lange Stangen in die _ _ _ _ gesteckt und oben zusammengebunden. Anschließend wurde Bisonhaut darüber gelegt und mit Lederriemen befestigt. Für die Pferde musste eine _ _ _ _ _ _ gebaut werden.
Jetzt wurde es Zeit für eine warme Suppe. Rasch wurden aus drei Stangen _ _ _ _ _ _ _ _ _ als Kochstellen aufgerichtet. Dort hängten die Frauen wassergefüllte Kochbeutel aus Leder auf. Sie warfen heiße Steine hinein, um die Suppe zum Kochen zu bringen. Man baute halbrunde Verschläge aus Weidenzweigen zur Erholung. In diese _ _ _ _ _ _ _ _ _ _ _ _ setzte man sich hinein und goss Wasser über erhitzte Steine, bis es richtig warm darin wurde. Danach sprang man zur Abkühlung in den Fluss. Und am Abend zündeten die Menschen ein großes _ _ _ _ _ _ _ _ _ _ in der Mitte des _ _ _ _ _ _ _ _ _ _ an und feierten ihre Ankunft.

Fischerboot und Lederzelt

Bei dem Wort „Indianer" denken viele an einen Häuptling mit einem mächtigen **Federbusch** auf dem Kopf. Bei den Lakota zum Beispiel durfte man **Federn** aber nur als Auszeichnung für mutige Taten auf dem Kopf tragen. Andere Indianervölker verwendeten gar keinen Federschmuck. Viele nutzten das **Leder** erlegter Tiere zur Herstellung ihrer Kleider. Andere trugen Kleider aus **Baumwolle.**

Einige Indianer jagten mit **Pfeil und Bogen,** andere mit **Blasrohren,** und manche fischten mit **Speeren.**

Kannst du herausfinden, zu welchem Volk diese Indianer gehören? Entwirre das Buchstabengewirr und schreibe den richtigen Namen in das Kästchen.

- o N o t a k
- z k t A e n e
- n i u l t
- e n y C e h n e
- m a i o Y n m a

Federbusch und Goldkrone

So unterschiedlich, wie die Indianer in verschiedenen Teilen Amerikas gelebt haben, so unterschiedlich waren auch ihre **Herrschaftsformen.** Das wird besonders deutlich, wenn man die Gesellschaft der *Lakota* der Staatsform der *Azteken* gegenüberstellt.

In einem **Lakota-Dorf** gab es einen **Rat,** der alle wichtigen Entscheidungen traf. Praktisch alle Erwachsenen waren in diesem Rat dabei. Nach einer Diskussion fällte der Häuptling dann eine Entscheidung. Er konnte aber nicht einfach über die anderen bestimmen, sondern musste sich ihre Meinung anhören. Besonders einflussreich waren die **Ältesten** des Dorfes und der **Geheimnismann,** den wir zumeist „Medizinmann" nennen. Die Lakota kannten keinen Herrscher, der ihnen Befehle gab, sondern waren – mehr oder weniger – ihre eigenen Herren. Feste **Berufe** gab es auch nicht: Eine Lakota- oder Cheyennefrau war Zeltbaumeisterin, Hundeführerin, Köchin, Fleischerin, Schneiderin, häufig ein wenig Geheimnisfrau, Heilerin, Lehrerin und Ratsmitglied. Der Mann war Pferdezüchter, ein wenig Geheimnismann, Krieger, Jäger, Lehrer, Heiler, Ratsmitglied und häufig auch Polizist zugleich.

Anders war das bei den **Azteken.** Man wurde in „Kasten" hineingeboren. Das bedeutete, dass man von Geburt an **Sklave, Arbeiter** oder **Adliger** war. Außerdem gab es die **Priesterschaft,** die großen Einfluss besaß. Über die Azteken regierte der oberste Herrscher, den man als **Kaiser** bezeichnen könnte. Er war zugleich der höchste Priester und wurde als Gesandter der Götter angesehen. Die Azteken lebten in Städten und Dörfern und waren als Staat organisiert. Die meisten Menschen waren Bauern, Arbeiter oder Berufssoldaten in der Armee. Soldaten trainierten für den Kampf. Wer im Kampf besonders mutig war, konnte als Belohnung zum Adligen gemacht werden. Adelige Kinder konnten auch zu Priestern ausgebildet werden.

Was ähnelt in unserem Staat eher dem Lakota-Dorf und was der Azteken-Gesellschaft? Weißt du, wie es in anderen Ländern aussieht?

In dem Suchsel findest du 8 Begriffe aus dem Text von oben. Sie haben alle etwas mit der Staatsform der Lakota oder der Azteken zu tun.

S	U	D	H	Ä	U	P	T	L	I	N	G	Q	M
V	N	N	B	L	I	Z	G	F	D	E	M	A	T
T	B	F	M	T	G	S	A	D	Z	W	Q	M	A
K	A	I	S	E	R	B	W	A	F	D	S	R	N
Y	X	S	Q	S	D	X	E	D	N	M	K	Ö	N
N	L	Ä	T	T	T	E	Q	L	K	L	L	M	A
W	G	E	H	E	I	M	N	I	S	M	A	N	N
I	T	S	X	R	Z	N	F	G	D	O	V	F	M
V	A	E	O	X	D	Ä	P	E	Q	R	E	M	N
M	S	O	L	D	A	T	T	R	A	T	Ü	O	V

Indianer-Leben
Eine Werkstatt

Kriegszüge

Du hast bestimmt schon oft gehört, dass die Indianer auf **Kriegszüge** gehen. Aber was ist ein Kriegszug eigentlich? Die Antwort ist gar nicht so einfach. Die Indianer der nordamerikanischen Grassteppen, wie die *Lakota* und *Cheyenne,* zogen oft in kleinen Gruppen mit einer Hand voll Krieger aus, um einem verfeindeten Stamm **Pferde** zu stehlen. Für sie bedeuteten Pferde Reichtum. Außerdem war der Raubzug ein **Mutbeweis** für die jungen Männer. Es kam bei solchen Raubzügen gar nicht darauf an, einen Menschen zu verletzen oder gar zu töten. Gefangene Kinder wurden oft adoptiert, Erwachsene auch als Sklaven gehalten. Wenn man aber an einem anderen Dorf **Rache** üben wollte, tötete man auch Frauen und Kinder, und Gefangene wurden gefoltert. Wenn es um die **Eroberung** guter Jagdgebiete ging, dann konnte es auch passieren, dass mehrere hundert Lakota aus verschiedenen Lakota-Dörfern gemeinsam gegen die dort lebenden Indianer Krieg führten. Sie vertrieben oder töteten sie.

Bei den Indianern des südamerikanischen Regenwalds, zum Beispiel den *Yanomami*, ging es auf Kriegszügen häufig darum, dass es zwischen zwei Dörfern **Streit** gegeben hatte.
Man griff die Gegner aus **Rache** an oder, um ihnen ihre **Frauen** zu stehlen.

Die *Azteken* dagegen hatten eine richtige Armee. Sie verlangten von benachbarten Völkern **Abgaben** dafür, dass sie sie in Ruhe ließen. Immer wieder zog die Aztekenarmee aus, um **Gefangene** zu machen. Die brauchte man, um sie dem Sonnengott opfern zu können. Wenn es schlechte Ernten gab, brauchten sie umso mehr Gefangene, um mit ihrem Blut den Gott gnädig zu stimmen.

In ihrer eigenen Sprache nennen sich viele Indianervölker übersetzt einfach **„Menschen"**.

Andere werden oft nach Eigenschaften oder mit Spottnamen bezeichnet. Die europäischen Einwanderer heißen auf Lakota „Wasicu".
Das bedeutet nicht „Weißer", sondern wörtlich wahrscheinlich „Der-schlechte- (oder kurze)-Kleidung-trägt".

Mitglieder anderer Völker waren also in diesem Sinne keine „Menschen". Das machte es leichter, sie zu überfallen, zu vertreiben oder zu töten.

- Aus welchen Gründen haben die Indianer Kriege geführt? Schreibe die Gründe in eine Liste.

- Vergleicht die Gründe miteinander. Was haben sie gemeinsam?

- Was meint ihr, warum Kriege heutzutage geführt werden? Diskutiert darüber.

Kakao und Maisfladen

So wie die Indianervölker verschiedene Kleidung trugen, aßen sie auch unterschiedliche Gerichte. Was sie gegessen haben, hing davon ab, was sie in der Natur fanden. Die *Lakota* der Grassteppen jagten den Bison und aßen hauptsächlich **Bisonfleisch**. Indianer der Nordwestküste, wie zum Beispiel die *Nootka,* ernährten sich überwiegend vom **Fischfang**. Die *Arikara* jagten den Bison, bauten aber auch **Kürbis** und andere **Feldfrüchte** an.
Die *Azteken* bauten **Mais** an und buken daraus **Tortillas,** dünne Maisfladen. Arme verzehrten diese pur. Wohlhabende aßen sie mit einer sehr scharfen Chilisoße. Nur die Reichen tranken ein Getränk, das noch heute beliebt ist: **Kakao!**

Ihr könnt in der Klasse Tortillas mit Soße backen. Als Nachtisch gibt es eine Tasse echte heiße Schokolade!

Aztekische Trinkschokolade

Du brauchst (für 2–3 Becher):
Frische Vollmilch, 2 Teelöffel entölten Kakao (Back-Kakao ungezuckert), 2 Stücke Vollmilchschokolade, 1 Teelöffel Honig, Topf

So geht es:
Milch im Topf erhitzen. Schokolade in kleine Stückchen brechen. Die heiße, aber nicht kochende Milch vom Herd nehmen. Kakao mit einem Schneebesen einrühren, bis sich keine Klümpchen mehr bilden. Schokolade unter Rühren hinzugeben. So lange rühren, bis die Schokolade sich aufgelöst hat. Mit Honig abschmecken. In die Becher gießen. Fertig! Wenn du statt Milch Wasser nimmst und weder Schokolade noch Honig oder Zucker, schmeckt es fast wie früher bei den Azteken. Die mischten auch noch scharfe Gewürze hinein.

Maistortillas

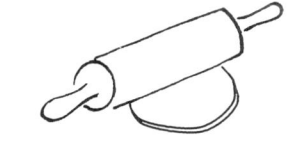

Du brauchst:
300 g Maismehl (Masa harina), ca. 350 ml Wasser, Nudelholz, Paprika, pürierte Tomaten, Pfeffer, Salz, Koriander

So geht es:
Wasser und Mehl verrühren und kneten, bis der Teig zäh wird. 15 Minuten ziehen lassen. Teig zu Kugeln formen. Jede Kugel nun mit einem Nudelholz zu einem runden, dünnen Fladen ausrollen.
Auf einem mit Butter eingeriebenen Blech im vorgewärmten Ofen backen, bis sich die Ränder heben.

Für die Soße: Paprika würfeln, mit pürierten Tomaten kochen. Mit Pfeffer, Salz und Koriander abschmecken.

Die Jagd

Die Indianervölker, die wenig oder gar nichts auf dem Feld anbauten, aßen häufig viel Fleisch. Beliebte **Beutetiere** waren Bisons, Hirsche oder Elche. Die mussten erst einmal gejagt werden. Die **Jagd** aber ist eine schwierige Angelegenheit!

Kannst du dem Jäger helfen? In welcher Reihenfolge muss er vorgehen, um den Hirsch zu erlegen? Schreibe zunächst Zahlen von 1 bis 10 in die richtigen Kästchen. Schreibe dann einen Text über die Jagd in dein Heft. Die Satzanfänge können dir helfen. Vergisst du etwas oder vertauschst es, rennt das Wild davon und der arme Jäger muss Hunger leiden …

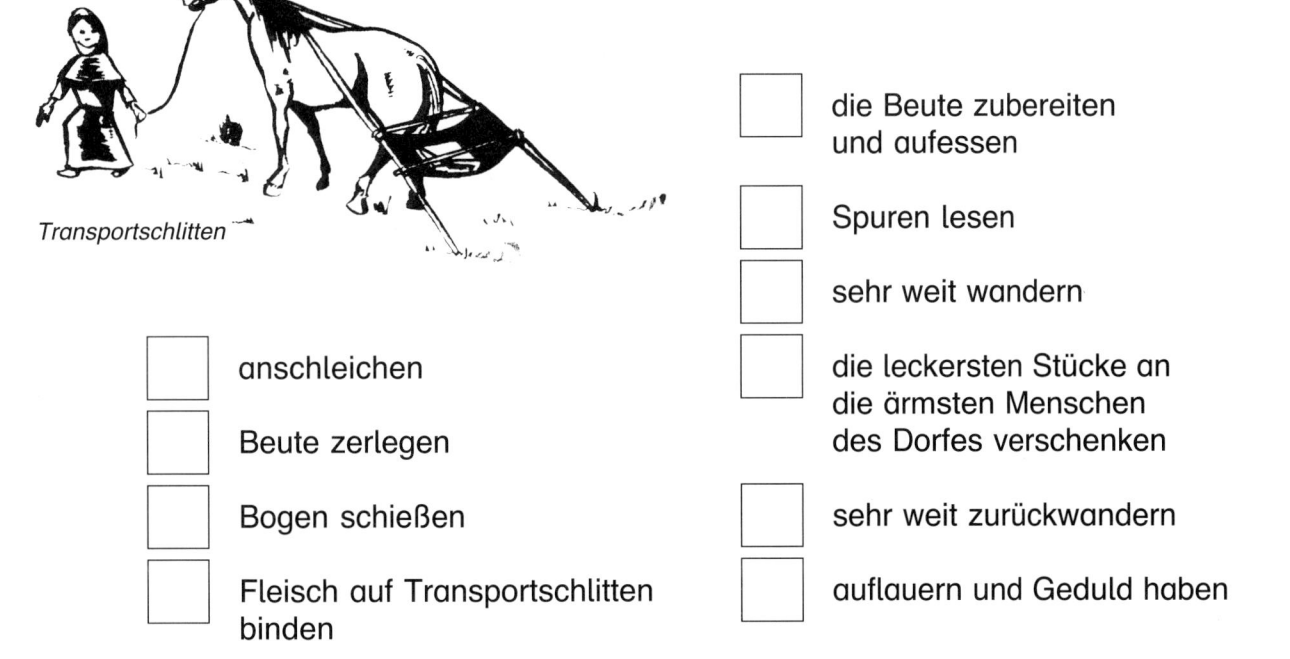

Transportschlitten

- [ ] anschleichen
- [ ] Beute zerlegen
- [ ] Bogen schießen
- [ ] Fleisch auf Transportschlitten binden

- [ ] die Beute zubereiten und aufessen
- [ ] Spuren lesen
- [ ] sehr weit wandern
- [ ] die leckersten Stücke an die ärmsten Menschen des Dorfes verschenken
- [ ] sehr weit zurückwandern
- [ ] auflauern und Geduld haben

Der Jäger schultert Bogen und Köcher und geht aus dem Dorf. Die Jagd beginnt.

Zuerst muss der Jäger …

    Dann …

        Danach …

  Später …

      Schließlich …

Am Ende …

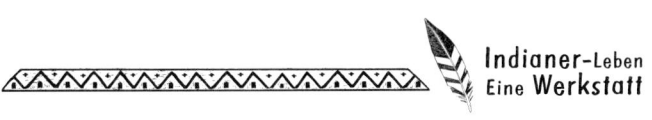

Eine kleine Rindviecherei

Ein besonders beliebtes Jagdwild war der **Bison**. Er ist aus unseren Vorstellungen vom „Wilden Westen" und von Indianern nicht wegzudenken. 800–1300 kg wiegt er, ist 160 bis 180 cm groß (bis zur höchsten Stelle des Rückens) und kann bis zu 30 Jahre alt werden. Er gehört zur Tierfamilie der **Rinderartigen.**

In Europa gibt es einen nahen Verwandten des Bisons, das **Wisent**. Ebenso wie der Bison wurde es beinahe ausgerottet. Früher gab es in Amerika allerdings wesentlich mehr Bisons, angeblich bis zu 60 Millionen.

Die europäischen Amerikaner jagten die Bisons so stark, dass 1889 nur noch rund 1 000 Tiere lebten. Inzwischen gibt es wieder weit über 200 000 Tiere, die in **Nationalparks** leben oder auf **Farmen** gezüchtet werden. Man hat nämlich auch gemerkt, wie lecker Bisonfleisch als **Bison-Burger** schmeckt.

Häufig wird der nordamerikanische Bison bei uns auch **Büffel** genannt. So hört man zum Beispiel oft die Bezeichnung „Indianer-Büffel". Das ist aber falsch, da echte Büffel zu einer ganz anderen Tiergattung gehören. Wie aber kam der Name „Büffel" für den Bison zustande?

Eine knifflige Frage: Kannst du dir denken, wieso der Bison so oft fälschlich „Büffel" genannt wird?

Tipp Schaue im „Wörterbuch" (S. 28) nach, wie der Bison auf Englisch heißt!

Wasserbüffel

Bison

Supermarkt auf vier Beinen

Einen **Bison** zu jagen, war sehr gefährlich. Früher jagte man die Herde über eine **Klippe,** sodass sehr viele Tiere in den Tod stürzten. Vor allem seit dem Erscheinen des Pferdes jagte man sie auch mit **Pfeil und Bogen.** Wer unter ihre Hufe kam, dem erging es schlecht.

Aber der Mut lohnte sich. Die *Lakota* konnten zum Beispiel aus einem Bison fast alles herstellen, was sie im **alltäglichen Leben** brauchten: Werkzeug, Kleidung und sogar Geschirr. Ein Bison war für sie ungefähr das, was für uns der **Supermarkt** ist.

Finde heraus, was die Indianer alles aus den Körperteilen eines Bisons herstellen konnten. Verbinde die richtigen Begriffe miteinander.

Hörner	Nähnadeln
Gehirn	Pfeilspitzen
Schulterblatt	Löffel
Haut	Klebstoff
Schwanz	Wintermantel
Rippen	Gerbmittel
Schenkelknochen	Geflochtene Riemen
Hufe (auskochen)	Wasserbehälter
Fell	Bogensehne
Haut	Nähgarn
Blase	Erd-Hacke
Dünndarm	Zeltplane
Rückensehnen	Taschen
Bison-Dung	Brennstoff

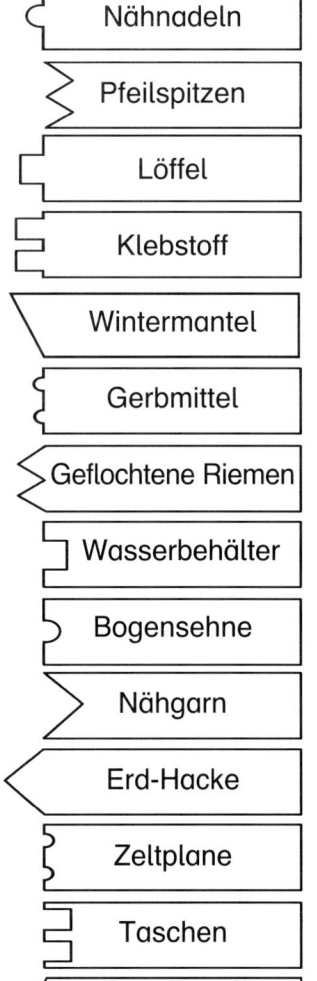

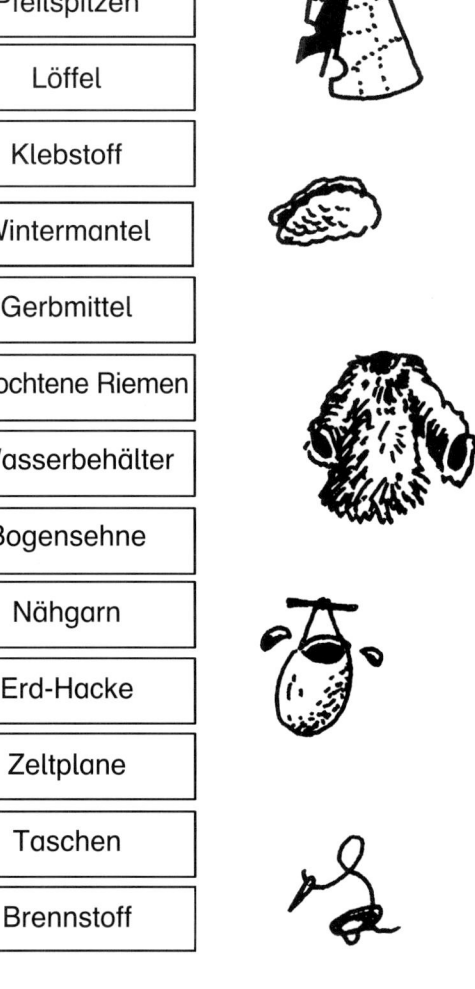

Indianer-Leben Eine Werkstatt

Indianer sprechen anders

Jedes Indianervolk sprach seine eigene **Sprache**. Manche sprechen sie sogar heute noch, während die meisten aber die Sprache ihres Landes benutzen. Das ist heute **Englisch, Französisch, Spanisch** oder **Portugiesisch**. Früher konnten sich selbst verschiedene Stämme, die nah beieinander auf der Prärie lebten, gegenseitig nicht verstehen. Eine der vielen Sprachen ist das **Lakota**. Für uns klingt ein Satz aus dem Lakota fremd. Die Wörter werden anders geordnet als im Deutschen, und die Grammatik unterscheidet sich sehr.

Bastel dir zunächst dein eigenes Wörterbuch (S. 27/28). Dann kannst du einige Wörter und Sätze vom Deutschen ins Englische oder ins Lakota übersetzen.

Versuche zu übersetzen:
Der berühmte Häuptling *Sitzender Bisonbulle* heißt auf Englisch übersetzt

_____ _____ .

Auf Lakota aber heißt er *Tatanka-Yotanka*. Das heißt wörtlich: Bisonbulle-sitzen. Wenn ein Lakota beispielsweise sagt: *„Der Mann brachte mir seine Sprache bei"*, heißt das wörtlich übersetzt: *„Mann-der-die-Sprache-seine-beibrachte-mir."* Das heißt auf Lakota: *„Wicasa-he-oiekicaton-ta-unspemakiye."*

Suche dir einen Partner. Lest das kurze Gespräch auf Lakota mit verteilten Rollen. Versucht dann, es mit Hilfe des Wörterbuchs ins Deutsche zu übertragen. Könnt ihr das Gespräch dann auch noch ins Englische übersetzen?

1. Hinhani waste!
3. Toniktuka hwo (he)?
5. Uwo! Kikta yo. Ito!

2. How, Kola!
4. Catema waste! Pilmaya yelo.
6. How! (He!)

Indianer-Leben Eine Werkstatt

Wörterbuch (1)

✂ falten ↻

3

Cinca *(tschintscha)*	–	Kind
Hoksila *(hokschila)*	–	Junge
Pte	–	Bisonkuh
Tatanka	–	Bisonbulle
Waonspekiye *(Uoonschpekiye)*	–	Lehrer
Wicasa *(Uitschascha)*	–	Mann
Wincincala *(Uitschintschala)*	–	Mädchen
Winjan *(Uinja)*	–	Frau

2

Paul imakiyab	–	Ich heiße Paul
Kola	–	guter Freund
How, Kola!	–	Hallo, Freund!
Toniktuka hwo / Toniktuka he	–	Wie geht es dir?
Uwo *(Uuo)*	–	Komm!
Ito!	–	Beeil dich!
Kikta yo! *(io)*	–	Steh auf!
Pilamaya yelo!	–	Vielen Dank!
waste *(uaschte)*	–	gut
Catema waste *(tschaotema)*	–	Mir geht's gut.
Hinhani waste!	–	Guten Morgen!
Hanhepi waste!	–	Gute Nacht!

↺ falten

4

Wenn man etwas verneint, wird einfach ein -sni an das Verb gehängt, also z. B.
unspemakiyesni = half-mir-nicht

Einige Wörter werden von Männern und Frauen anders benutzt:
Frauen sagten:
He = Ja, He (am Satzende)=
Ich-frage-und-bin-eine-Frau

Männer sagten:
How *(hau)* = Ja,
Hwo *(huo)* (am Satzende)=
Ich-frage-und-bin-ein-Mann

Mein Indianer-Wörterbuch

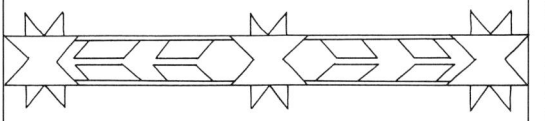

Lakota – Deutsch

_____
Name

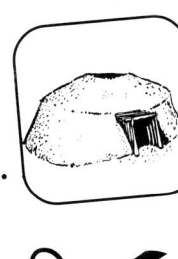

Wörterbuch (2)

2

American	–	amerikanisch
Indian	–	Indianer
aber: Indian	–	Inder
bear	–	Bär
big	–	groß
buffalo	–	Bison
bull	–	(Bison-)Bulle
cloud	–	Wolke
Come on!	–	Komm!
crazy	–	verrückt
dancing	–	tanzen
dances	–	(er/sie) tanzt
dog	–	Hund

3

eagle	–	Adler
foot	–	Fuß
friend	–	Freund
Get up!	–	Steh auf!
good	–	gut
hand	–	Hand
he	–	er
hello	–	hallo
horse	–	Pferd
How are you?	–	Wie geht es dir?
Hurry up!	–	Beeil dich!
I am	–	Ich bin, ich heiße
I am fine.	–	Mir geht es gut.
little	–	klein

4

lone	–	einsam
moon(s)	–	Mond(e)
morning	–	Morgen
no	–	nein, kein(e)
old	–	alt
red	–	rot
sit	–	sitzen
sitting	–	sitzen, sitzender
Thank you.	–	Danke.
two	–	zwei
with	–	mit
wolf	–	Wolf
wolves	–	Wölfe
yes	–	ja
you	–	du

Mein Indianer-Wörterbuch

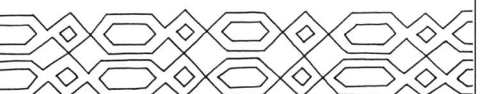

Englisch – Deutsch

Name

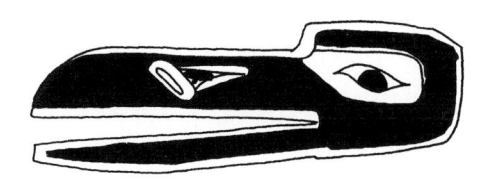

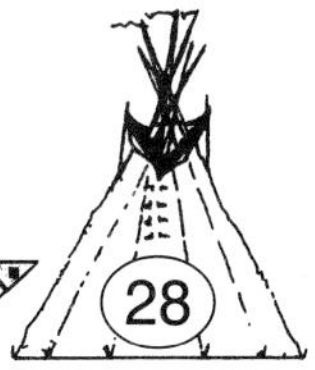

Zeichensprache

Häufig mussten die Indianer sich verständigen, ohne einen Laut von sich zu geben. Auf der Jagd rannte das Wild weg, wenn man sich etwas zurief. Wenn man lautstark darüber beratschlagte, wie man am besten die Pferde stehlen konnte, wurde man von den Wächtern des feindlichen Dorfes entdeckt. Deshalb benutzten die Indianer für die Verständigung einfache **Handzeichen.** Sehr wichtig waren die Handzeichen auch, wenn sich verschiedene Indianervölker trafen. Sie konnten sich verständigen, obwohl sie eine fremde Sprache sprachen.

Die Handzeichen sind einfach und logisch.
Hier einige Beispiele:

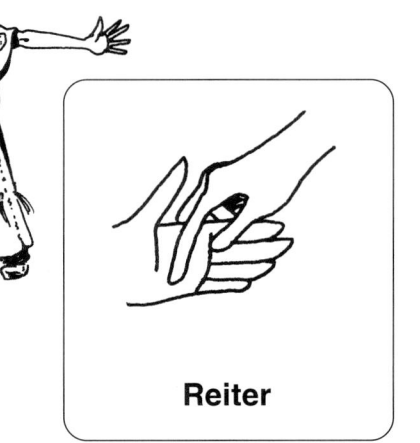

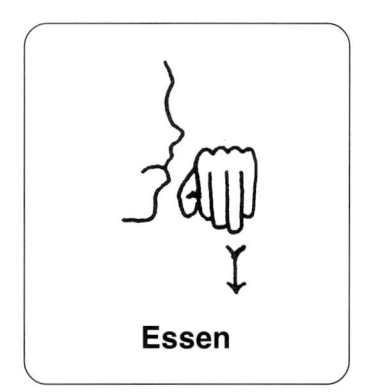

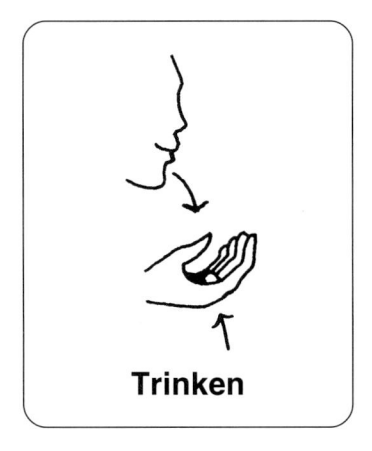

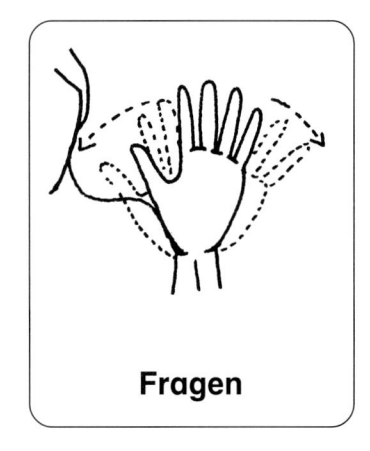

Reiter

Essen

Trinken

Fragen

Erfindet eigene Handzeichen. Bildet Gruppen von zwei bis vier Kindern. Versucht, einer anderen Gruppe nur mit Handzeichen etwas mitzuteilen.

Schriften

Die Entwicklung der **Schrift** ist eine großartige Leistung der Menschen. Man kann Dinge erfahren, die vor vielen hundert oder tausend Jahren geschehen sind, als würden sie einem gerade erzählt.

Die **Entwicklung der Schrift** könnte man so darstellen:

1. Zuerst malte man eine Kuh so, wie man sie gesehen hat.

2. Dann malte man nur noch ein paar Striche. Jede Zeichnung steht für einen Begriff.

3. Weil man riesige Mengen an Symbolen brauchte, entfernte man aus dem Symbol für „Kuh" noch ein paar Striche, die jetzt nur noch für den Laut „U" standen. Jetzt konnte man aus Symbolen „Kuh" schreiben.

Im alten Amerika fanden sich vor dem Auftauchen der Europäer alle diese Stufen der Schrift.

1. Wintererzählung der *Lakota*: Ereignisse werden in kleinen Bildern aufgemalt.

2. „Glyphen" der *Azteken*.

3. Silbenschrift der *Cherokee*, nach Erscheinen der Europäer erfunden.

4. Quipu, die Knoten-Schrift der *Inka*. Anordnung und Anzahl der Knoten hatten bestimmte Bedeutungen.

Erfinde eine eigene Schrift, indem du, wie beim Beispiel „Kuh", Gegenstände immer einfacher zeichnest.

Wintererzählungen

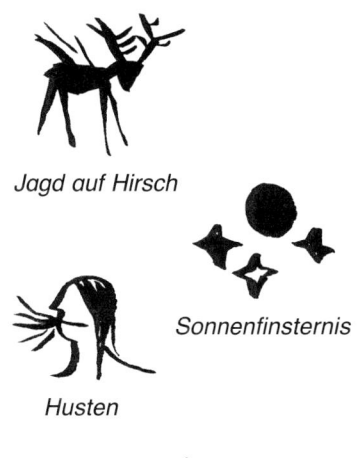

Jagd auf Hirsch

Sonnenfinsternis

Husten

Freundschaft schließen

Die *Lakota* benutzten statt Buchstaben einfache Zeichnungen. Als **Papier** verwendete man die Haut eines Bisons oder die eines anderen Tieres, die abgeschabt, getrocknet und in einem Rahmen aufgespannt worden war. Bunte **Erde** verwendete man als eine Art Wasserfarbe. So entstand eine gemalte **Erzählung** der wichtigsten Geschehnisse des vergangenen Jahres. Heute noch kann man diese Geschichten in Museen bestaunen.

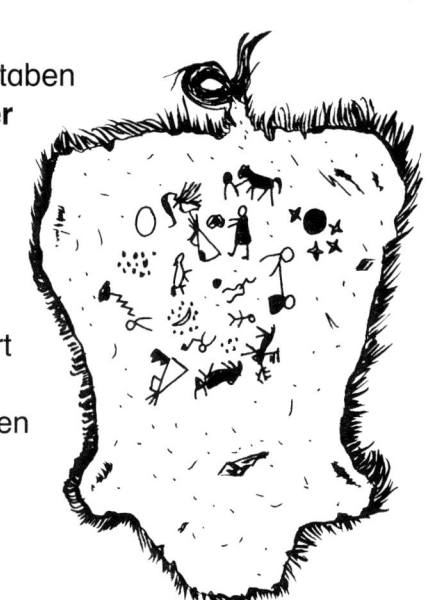

Macht für eure Klasse eine eigene „Jahreserzählung". Hängt ein großes Blatt Papier, mindestens in Plakatgröße (DIN A2), an die Wand. Am Ende jeder Woche kann sich die Klasse überlegen, was Besonderes passiert ist. Dann malt eine Schülerin oder ein Schüler ein kleines Bildchen, das dieses Ereignis darstellt. Sind mehrere wichtige Dinge passiert, können mehrere Schüler nacheinander malen. Die Zeichnungen können in der Mitte des Blattes beginnen und wie eine Spirale weitergeführt werden. So haben auch die Lakota ihr Bison-Papier beschriftet.

Tipp Die Zeichnungen sollten das Geschehnis möglichst klar und einfach darstellen. Ihr könnt auch die Zeichnungen auf ein Stück Papier zeichnen und dann auf das Plakat kleben.

Beispiele für die Zeichnungen eurer „Jahreserzählung":

Hitzefrei *Viele Hausaufgaben* *Gewitter*

Indianer-Leben Eine Werkstatt

Familie und Erziehung

Aufgaben der Kinder

Das Wichtigste im Leben der Indianer war die **Familie**. Bei Völkern, die vom **Ackerbau** lebten, mussten die Kinder schon früh mit auf dem Feld arbeiten. Aztekenkinder über vier Jahre sollten nicht mehr mit Spielzeug spielen, sondern den Eltern helfen. Anders war es bei Indianern, die auf die **Jagd** gingen. Hier mussten die Mädchen ihren Müttern beim Haushalt helfen, während die Jungen spielten und das Jagen übten. Erst nach getaner Arbeit spielten die Mädchen dann ihre eigenen Spiele. Die Eltern und ältere Kinder erzählten Geschichten über die Vergangenheit, brachten ihnen bei, wie man sich zu benehmen hat und was sie für ihr späteres Leben brauchten. Dazu gehörten zum Beispiel Ledergerben, Holzschnitzen oder die Jagd.

Strafen

Die Bestrafungen fielen sehr unterschiedlich aus. Einige Indianervölker schlugen ihre Kinder oft oder hatten andere sehr harte Strafen.
Bei vielen anderen Indianervölkern redete man unartigen Kindern lieber gut zu, anstatt sie zu schelten oder gar zu schlagen. Wenn ein Kind bei den *Lakota* immer wieder verbotene Dinge tat, verspottete man es vor dem versammelten Dorf, bis es seinen Fehler einsah.

Eine aztekische Abbildung zeigt einen Aztekenjungen, der über ein Feuer mit beißendem Qualm gehalten wird.

Welche Aufgaben hatten die Mädchen und die Jungen in den Indianerfamilien? Fülle die Tabelle aus. Vergleiche!

	Mädchen	**Jungen**
Indianer, die Ackerbau betreiben		
Indianer, die auf die Jagd gingen		

Wann ist man erwachsen?

Die Kinder waren durch ihre wichtigen Aufgaben bereits gut vorbereitet auf das **Erwachsenwerden.** Wenn sie alt genug waren, mussten sie bei vielen Indianervölkern **Prüfungen** und ernste **Feiern** durchlaufen. Mädchen mussten zum Beispiel zeigen, dass sie Hausarbeiten beherrschten. Jungen mussten Mut und Kraft beweisen. Danach waren sie keine Kinder mehr, sondern Erwachsene. Sie trugen nun die volle Verantwortung für alles, was sie taten, durften aber auch an Beratungen oder an Kriegszügen teilnehmen und heiraten. Besonders wichtig war, dass sie sich gut in den Bräuchen ihres Stammes auskannten, genug über ihre Religion wussten und die Sprache beherrschten.

Lakota-Kinder wurden ihr ganzes Leben lang von Zeremonien und Ritualen begleitet. Die Kinder wuchsen in ihre Rolle als Erwachsene nach und nach hinein. Wenn die Kleinkinder ihren ersten Namen bekamen, wurden ihnen während eines großen Festes Löcher in die Ohrläppchen gestoßen.

Ein Junge, der die Zeit für reif hielt, zog sich allein in die Einsamkeit der Wälder zurück. An einem schönen Aussichtspunkt ließ er sich nieder und blieb dort tagelang sitzen, ohne etwas zu essen. Er sang und betete in einem fort. Wenn er dann völlig erschöpft heimkehrte, hatte er mit dieser Fastenzeit viel Ansehen bei den Menschen gewonnen.

Ab wann ist für dich jemand erwachsen? Kreuze an. Vergleiche mit anderen Kindern und diskutiert darüber.

☐ wenn er 18 ist
☐ wenn er groß ist
☐ wenn er einen Führerschein hat
☐ wenn er Kinder bekommen kann

☐ wenn er mit der Schule fertig ist
☐ wenn er von zu Hause auszieht
☐ wenn _____
☐ wenn _____

Überlege, ob es bei uns Rituale zum Erwachsenwerden gibt. Was ist mit Firmung, Konfirmation, Jugendweihe …?

Kennst du solche Feste in anderen Kulturen oder Glaubensrichtungen (beispielsweise im Islam)?

Unterricht für Lakota-Jungen (1)

Bevor man erwachsen wurde, gab es viel zu lernen. Zu diesem Zweck hatten manche Indianervölker früher sogar richtige **Schulen:** Die Kinder der **Azteken** lernten im *Telpochcalli* unter anderem gutes Benehmen und Kämpfen. Adelige Aztekenkinder kamen in die *Calmecac-Schule,* wo ihnen Lesen und Schreiben beigebracht wurde, aber auch Religion, Dichtkunst und Wahrsagen. Außerdem mussten sie lernen, immer zu gehorchen und Schmerzen zu ertragen.

Für die Kinder von **Nomadenvölkern,** die oft von einem Ort zum anderen gezogen sind, hat es früher keine Schulen gegeben. Trotzdem hatten sie eine Menge zu lernen, denn sie mussten sich perfekt in der Natur zurechtfinden. Sie mussten zum Beispiel wissen, wie man mit gefährlichen Tieren umging und wie man aus Tierhaut weiche Kleider machte. Außerdem lernten sie jagen, kochen ohne Kochtopf, sticken, Leder gerben, Spuren lesen, Wasser finden, Zelte aufstellen und vieles mehr.

Im folgenden Text erfahrt ihr, wie zwei **Lakota-Jungen** von ihrem Vater auf die Jagd mitgenommen werden.

Lest den Text. Überlegt dann, was der Vater Hotanka seinen Söhnen Niyasni *(Ni-asch-ni)* und Ssapa alles beibringen will.

„Bereitet euch vor, heute werdet ihr Spuren lesen!", meinte ihr Vater Hotanka, als Ssapa und Niyasni aus ihren Fellen gekrochen waren. Wie jeden Morgen badeten sie. Wer ein guter Krieger und Jäger werden wollte, der musste seinen Körper gegen die Kälte abhärten. Sonst würde er nie die Geduld und die Kraft haben, im Winter einem Schneehasen aufzulauern. Das Wasser war zugefroren, doch die anderen Jungen hatten bereits ein Badeloch ins Eis gehackt.

„Hinein!", schrie Niyasni todesmutig und sprang mit einem Satz in das Badeloch. Sie tauchten bis zum Hals herab, krallten sich am Eisrand des Loches fest und sprangen mit einem Satz ans Ufer.

Mit beiden Händen schaufelten sie Schnee und rieben ihre zitternden Körper kräftig damit ab.

Dann salbten sie sich mit Fett ein. Schon waren sie wieder im Zelt.

Als Niyasni und Ssapa endlich ihre dicken Wintersachen anhatten, war es ihnen wunderbar warm. Jetzt, ja, jetzt konnte Vater mit ihnen auf die Jagd gehen!

Gleich darauf marschierten sie in den Wald, der das Lager wie ein schützender Mantel von allen Seiten umgab. Niyasnis und Ssapas Zehen wurden taub vor Kälte. Die Speere, die ihnen das Laufen ein wenig erleichterten, stießen bei jedem Schritt tief durch die lockere Schneedecke.

Plötzlich riss Hotanka den Bogen aus dem Futteral, das über seinem Rücken hing, zog einen Pfeil aus dem Köcher und schoss ihn in einer fließenden Bewegung ab.

Indianer-Leben Eine Werkstatt

Unterricht für Lakota-Jungen (2)

Der Pfeil flog in einem Bogen zwischen den Kiefern hindurch und landete weit, weit hinten im Schnee. Ohne ein Wort deutete Hotanka auf Niyasni. Er sollte den Pfeil wieder finden!

Niyasni machte sich mit erhobenem Speer auf den Weg. Zum Glück hatte er aufgepasst, wo das Geschoss hingeflogen war. Trotzdem brauchte er lange, bis er ihn gefunden hatte. Immer wieder hörte er es in seinem hungrigen Magen grummeln und gluckern. Als er den Pfeil zurückgebracht hatte, nahm Hotanka ihn, wischte wortlos den Schnee vom Schaft und schob ihn zu den anderen. Dann gingen sie weiter.

Sie fanden eine Spur. Hotanka untersuchte sie. Neugierig knieten Niyasni und Ssapa sich zu ihm hin. Es war die Spur eines Hirsches. Hotanka sah schweigend auf und blickte sich um. In seinem Blick lag etwas Lauerndes. Langsam, wie in Zeitlupe, griff seine rechte Hand den Bogen.

Er spannte ihn mit geübten Handgriffen und zog drei Pfeile aus dem Köcher. Zwei nahm er in die Faust, die den Bogen hielt, einen legte er auf die Sehne. Dann stand er langsam auf. Die Jungen sahen gespannt zu ihm herauf.

Plötzlich hörten sie ein Knacken und Bersten. Niyasni sprang auf und starrte in die Richtung, aus der das Geräusch kam. Da schoss ein Hirsch aus dem Unterholz hervor, genau auf die drei zu. Aus seinem Maul flockte weißer Schaum.

„Zur Seite!", schrie Hotanka.

Niyasni und Ssapa erwachten aus ihrer Erstarrung und ergriffen die Flucht. Sie hörten das Sirren eines Pfeils, das Stampfen der Hufe.

Niyasni sah hinter sich – und bekam einen Schreck: Der Wapiti kam genau auf ihn zu! Er drehte im Rennen den Oberkörper, packte den Speer mit beiden Händen und streckte ihn dem Ungetüm entgegen. Es raste an Niyasni vorbei, schmetterte ihm den Speer aus den Fäusten und schleuderte ihn mit Wucht zu Boden. Der Speer landete nutzlos im Schnee. Als Niyasni sich benommen aufrappelte, sah er keine fünf Schritt von sich entfernt den Körper des Hirsches. Das Tier war tot zusammengebrochen.

„Glück gehabt", meinte Hotanka, während Niyasni sich aufrappelte und den Schnee aus der Kleidung klopfte. Um ein Haar hätte es ihn erwischt. Der Hirsch war ein altes Tier. Es hatte schon graues Fell.

Sie machten sich daran, den Hirsch zu zerlegen, so schnell es mit den Steinsplittern ging, die sie als Messer benutzten. Das warme Blut lief den Jungen zäh und klebrig über die Fäuste. Es war ihr erstes Mal, dass sie selbst beim Zerlegen mithelfen durften. Hotanka erklärte ihnen ungeduldig, was sie wie zu machen hatten. Ihm konnte das Zerlegen nicht schnell genug gehen. Jederzeit konnte eine Gruppe feindlicher Jäger auftauchen.

Ihr Rückweg wurde beschwerlich. Als sie endlich im Dorf angekommen waren, gab es erst einmal eine freudige Begrüßung. Ein paar neidische Blicke flogen natürlich auch herüber. Zur Feier der erfolgreichen Jagd veranstaltete Hotanka ein Fest.

Niyasni und Ssapa wussten, was Hotanka von seinen Söhnen erwartete: Schweren Herzens verschenkten sie ihre besten Fleischstücke an die beiden ärmsten Menschen des Dorfes.

Morgen, da würde Vater sie über jedes Detail ihrer Jagd und über jede Spur ausfragen.

*Gekürzter Auszug aus: Wickenhäuser, Ruben Philipp: **Im Labyrinth der Sandberge.** Esslinger, Edition Jugendbuch*

Indianer-Leben
Eine Werkstatt

Scharfe Sinne

„Wir Knaben waren nicht nur gute Schauspieler, sondern auch sorgfältige Beobachter der Natur und studierten die Gewohnheiten der Tiere genauso eifrig, wie ihr euch in eure Bücher vertieft." – Ohijesa

In dem Text aus dem Angebot „Unterricht für Lakota-Jungen" (S. 34/35) achten Niyasni und Ssapa genau auf alles, was sie im Wald sehen. Nur ein Jäger, der auch scheinbar unwichtige **Kleinigkeiten** bemerkte, konnte das Wild entdecken und erfolgreich nach Hause zurückkehren.

Macht mit eurem Lehrer bzw. eurer Lehrerin einen **Ausflug** durch den Wald. Merkt euch genau, wenn ihr etwas Besonderes bemerkt.

Tipp: Zur Übung könnt ihr auch erst einmal euren Schulweg beschreiben.

Ihr könnt zum Beispiel auf Folgendes achten:

- Welche Vögel könnt ihr hören? *Hört euch vorher eine Kassette mit Vogelstimmen an.*
- Wo steht die Sonne? *Im Osten geht die Sonne auf, im Süden befindet sie sich zu Mittag, im Westen geht sie unter.*
- Welche Tierspuren könnt ihr entdecken? *Diese Spuren können euch helfen:*

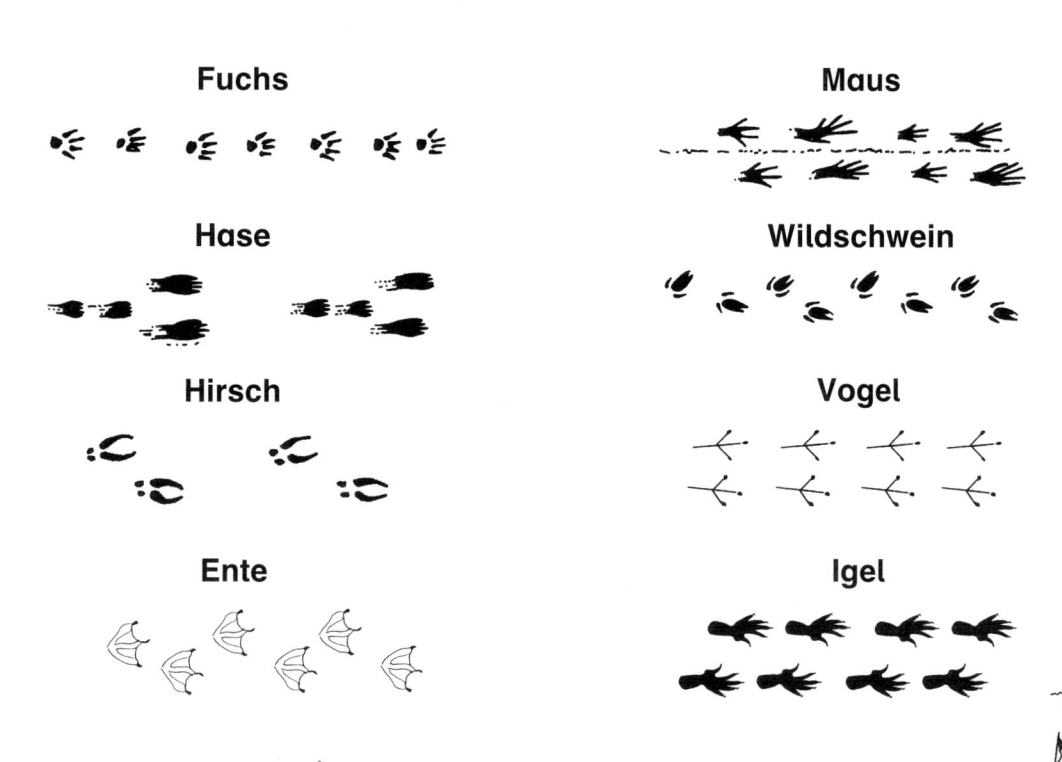

Fuchs

Hase

Hirsch

Ente

Maus

Wildschwein

Vogel

Igel

Indianer-Leben Eine Werkstatt

Großer Geist und Huitzilopochtli

Die **Religion** ist ein wichtiger Bestandteil jedes Volkes. Sie stellt Regeln auf, die das Zusammenleben erleichtern und der Gemeinschaft einen festen Halt bieten. Genauso, wie verschiedene Indianervölker sich in verschiedenen Sprachen unterhielten und in unterschiedlichen Häusern wohnten, so unterschied sich auch ihr Glaube.

Viele *Präriestämme* glaubten an ein höheres Wesen, das sie „Große Kraft" oder **„Großer Geist"** nannten. Die Kräfte der Natur, die dafür sorgten, dass Flüsse fließen und Bäume wachsen, betrachteten sie als Teil dieser höheren Macht. Wohl in jedem Dorf gab es einen „Geheimnismann" oder eine „Geheimnisfrau". Man glaubte, sie stünden in engerem Kontakt mit diesem höheren Wesen.

Bei den Prärievölkern wurden religiöse Bräuche meist von den Eltern an die Kinder weitergegeben. Sie kannten keine Kirchen oder Tempel, sondern errichteten gemeinsam Schwitzhütten und Tanzplätze, wo sie beteten, tanzten und sangen. Orte in der freien Natur waren für sie heilig.

Anstelle von Geheimnismännern gab es bei den *Azteken* eine **Priesterschaft.** Die Priester führten Rituale und Opferungen zu Ehren der vielen aztekischen Götter durch. Der mächtigste Gott trug den Namen *Huitzilopochtli.*

Ihn und die anderen Götter verehrten die Azteken in steinernen Tempelpyramiden.

Regelmäßig brachten sie ihren Göttern Menschenopfer dar, manchmal hunderte Kriegsgefangene. Auch Spiele hatten oft **religiöse Bedeutung.** Das raue Spiel *Tlachtli* der Azteken, bei dem ein harter Ball mit den Ellenbogen durch einen Steinring gestoßen werden musste, wurde zu Ehren der Götter gespielt. Die Kinder lernten Religion unter anderem in der aztekischen Schule.

In jeder Religion gibt es auch **Feste** und **Feiern.**

Die *Lakota* feierten religiöse Tanzfeste, bei denen die Teilnehmer auf einer kreisrunden Fläche zu Gesängen und Trommelschlägen tanzten. Es gab Tänze, mit denen man um eine erfolgreiche Jagd bat und solche, mit denen man sich für eine erfolgreiche Jagd bedankte. Dazu verkleideten sich die Menschen häufig wie die Tiere, die sie jagen wollten.

Ernster ging es vermutlich bei den *Azteken* zu. Viele ihrer Feiern dürften weniger fröhlich gewesen sein, aber sie tanzten beispielsweise zu Hochzeiten gern. Die Musik wurde von einer kleinen „Band" mit verschiedenen Trommeln gespielt, und dazu wurde gesungen.

Auch bei uns gibt es verschiedene Religionen. Überlege, welche Religionen du kennst und was sie voneinander unterscheidet.

Welche religiösen Feste kennst du?

Immer weniger Land

Im 19. Jahrhundert hat die Regierung der USA **Gesetze** erlassen, die die Indianer zwangen, ihre gewohnte Lebensweise aufzugeben und immer kleinere Gebiete zu besiedeln. Früher gehörte den Indianern das gesamte Land – heute sind es nur noch etwa 3 Prozent des Landes, also ein **winziger Anteil.** Diese 3 Prozent sind **Reservate,** die sich über den nordamerikanischen Kontinent verteilen. Es leben aber heute etwa halb so viele Indianer in Nordamerika wie zur Zeit der Entdeckung Amerikas durch Kolumbus, nämlich schätzungsweise etwa 3 Millionen. Die Karten zeigen, wie das **Land der Indianer** geschrumpft ist.

- Vergleicht die Karten miteinander. Wie viele Jahre liegen jeweils dazwischen?

- Überlegt, was es für die Menschen bedeutet, immer weniger Land zur Verfügung zu haben.

Schrumpfung der Reservate in Nordamerika

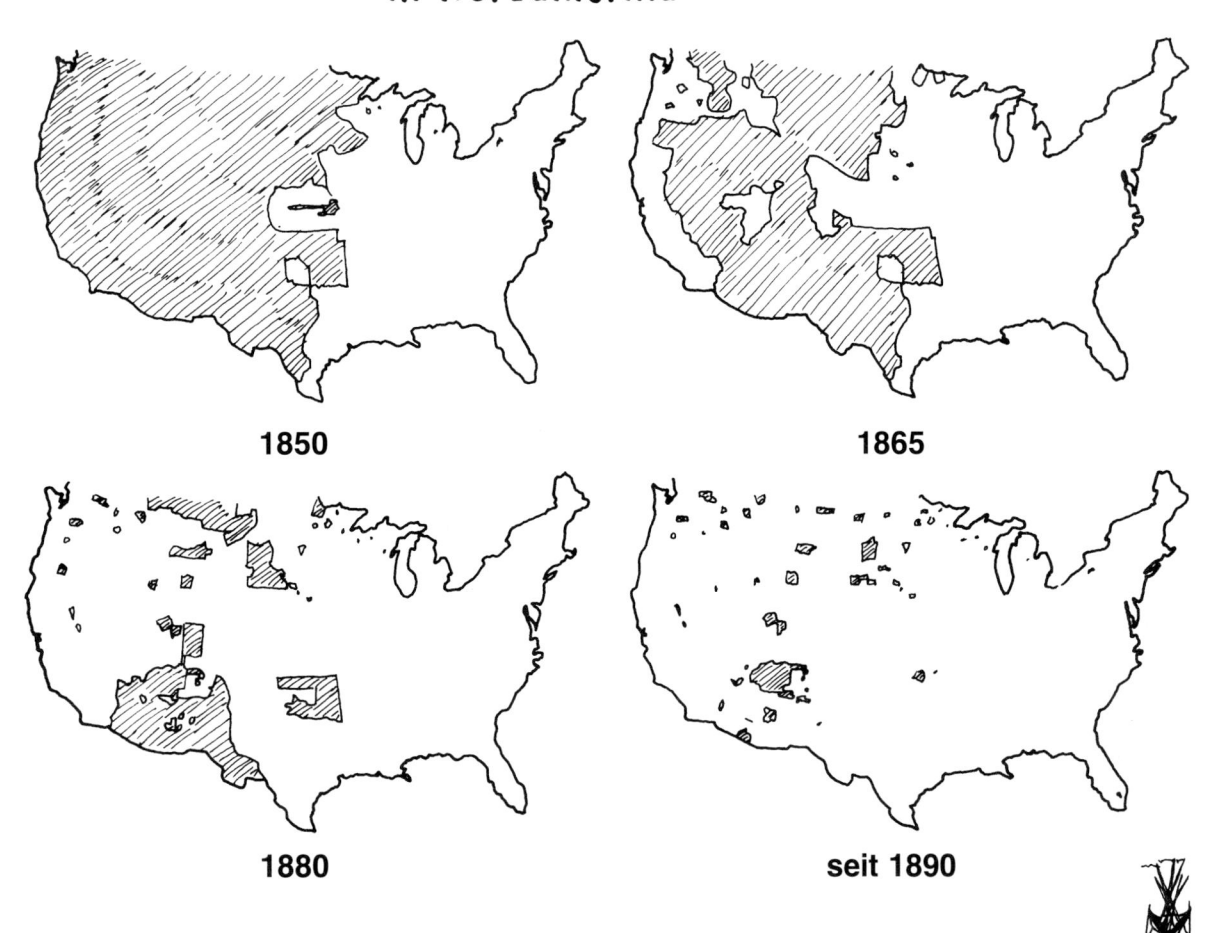

1850 **1865**

1880 **seit 1890**

Indianer-Reservate

In den USA wurden den Indianern nach der Vertreibung durch die Europäer eigens für sie reservierte Gebiete zugewiesen: **Die Reservate.**

Den Indianern der Reservate wurde die **Lebensart** der Einwanderer aufgezwungen. Es war ihnen verboten, ihre eigene Sprache zu sprechen, ihre Kleidung zu tragen, ihre Rituale und Religion auszuüben. Erst in den 70er-Jahren des 20. Jahrhunderts gelang es vielen Indianerstämmen, ihre Selbstbestimmung und Unabhängigkeit zurückzuerkämpfen.

In den Reservaten ist das **Land** meist unfruchtbar und karg. Man hat den Indianern nämlich das schlechteste Land zugeteilt, das es gab.

Fährt man heute durch ein solches Reservat, zum Beispiel das Pine-Ridge-Reservat *("Pain-Ridsch")*, so sieht man eine weite Einöde vor sich. Dort wachsen nur kleine Bäume und kurzes Gras. Wasser gibt es nur wenig. Ein Teil des Reservates besteht aus Sandbergen. Ackerbau und Viehzucht sind mühselig. Außerdem sind die umherziehenden Indianervölker der Grassteppe Jäger gewesen und können bis heute nicht viel mit Ackerbau anfangen.

Die Sandberge in Pine Ridge: Unfruchtbare Wüste

Leben in Pine Ridge

Die Leute hier leben nicht mehr in Zelten, sondern in einfachen, kleinen Hütten. Einige halten sich Pferde. Gelegentlich sieht man einen Reiter auf der staubigen Straße vorbeikommen oder, wie früher, auch reitende Kinder. Die Kinder fahren gerne mit Inlineskates durch die Gegend, und die Erwachsenen benutzen Autos. Fährt man mit, so stellt man sich einfach hinten auf die offene Ladefläche und los geht's! Ein tolles Erlebnis – aber wenn das Auto plötzlich abbremsen muss, passiert natürlich eine Katastrophe. Autos sieht man überall: verrostende Autos, kaputte Autos, reparierte Autos, quietschende Autos, klappernde Autos. Das Reparieren und Ausschlachten von Autos ist hier eine Art Freizeitbeschäftigung!

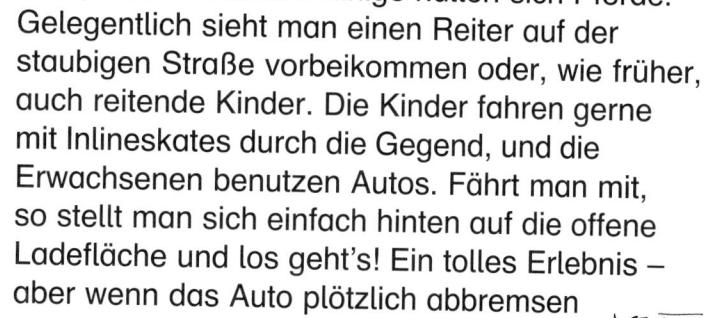

Indianer-Leben
Eine Werkstatt

Reiten ist klasse!

Der Indianerjunge John erzählt von seinem **Leben** im Pine-Ridge-Reservat.

Lies den Text.
Sprecht dann gemeinsam über das, was John über das Leben im Reservat erzählt: Wie sieht sein Tag aus? Was macht seine Familie? Welche Probleme gibt es?

„Ich bin John Rennender Dachs. Ich bin so alt wie ihr, und ich bin ein Lakota. Drei Brüder und zwei Schwestern habe ich. Außer Mama und Papa leben auch noch unsere Großeltern in unserer Hütte. Und natürlich unsere zwei Hunde und die vier Katzen, nicht zu vergessen. Das ist ganz schön eng! Wenn der Winter kommt, dann sind die Wände im Zimmer voller Eis, weil sie ganz dünn sind. Wenigstens können wir uns dann richtig zusammenkuscheln. Außerdem regnet es immer wieder hier und da rein, das müssen wir dann schnell flicken.

Zu essen gibt es oft Bohnen und Mais aus Dosen. Wenn Papa oder meine älteren Geschwister Arbeit gefunden haben, dann gibt es manchmal echte Hamburger und Limo! Meistens aber haben sie nichts zu tun, weil es kaum Arbeit auf dem Reservat gibt. Sie rasen viel mit alten Autos herum. Die haben sie vorher repariert. Auto fahren ist richtig spannend, wenn wir uns bei fünfzig Sachen hinten auf die Ladefläche stellen! Natürlich wäre es besser, wenn Vater und die anderen arbeiten könnten. Dann könnten wir immer Hamburger essen und Autos haben, die man nicht ständig reparieren muss. Meine Schwestern und Mama waschen nach dem Essen ab und kümmern sich um meine kleinen Geschwister. Sie fahren nicht so oft mit dem Auto. Wir Kinder müssen in die Schule gehen. Da lernen wir auch die Sprache, die unsere Vorfahren gesprochen haben. Das kann ganz schön langweilig sein.

Unser Haus mit unserem Auto

Der Vater von meinem Freund repariert keine Autos. Er hat Pferde! Wenn ich zu ihm gehe, dann können wir sogar reiten, und das ist fast so gut wie Auto fahren! Dazu brauchen wir nicht einmal einen Sattel. Mit ein bisschen Übung geht es auch ohne. Man fällt nur ein bisschen schneller runter, wenn man nicht aufpasst. Wenn wir keine Lust auf Reiten haben, können wir um die Wette Inlineskates fahren. Das ist etwas ganz Tolles. Da macht es sogar Spaß, wenn ich für meine Mutter in dem kleinen Laden einkaufen soll. Natürlich kaufe ich nicht viel ein. Wir haben ja ganz wenig Geld. Immerhin, denke ich da manchmal, dann muss ich nicht so viel tragen!"

Indianer-Leben
Eine Werkstatt

Teufelskreis

Die Indianer in den **Reservaten** der USA wohnen in einfachen **Häusern.** Sie haben Fernseher und jagen keine Bisons mehr, sondern essen das gleiche wie die anderen US-Amerikaner. Viele Menschen, die in Reservaten leben, haben ein großes Problem: Sie sind **bitterarm.**

Arm sind sie, weil viele Reservate unfruchtbar sind. Man kann also nur schwer Ackerbau betreiben, und auch Viehzucht ist nicht einfach. Industrie gibt es kaum. Wenn es Arbeit gibt, bekommen Indianer sie manchmal allein aus dem Grund nicht, weil sie Indianer sind.
Viele werden aber auch abgewiesen, weil sie keinen guten **Schulabschluss** und keine Ausbildung haben.

Daher sind die meisten Reservatsindianer **arbeitslos.** Wer arbeitslos ist, verdient kein Geld. Wer kein Geld hat, kann sich nichts leisten. Viele müssen deshalb zum Beispiel die Nahrungskonserven essen, die die Armenunterstützung der USA ihnen gibt.

Da sie keine Arbeit finden, **verzweifeln** viele irgendwann. Sie fangen an, Essen in sich hineinzustopfen und leiden daher unter extremer **Fettleibigkeit.**

Schlimmer noch ist aber, dass viele anfangen, **Alkohol** zu trinken. Wer betrunken ist, bekommt erst recht keine Arbeit mehr. Er schafft es auch nicht, auf eigene Faust etwas zu unternehmen, mit dem er Geld verdienen könnte. Aus Arbeitslosigkeit, Verzweiflung und Alkoholismus entsteht ein **Teufelskreis,** aus dem man nur sehr schwer ausbrechen kann.

Tragt die Begriffe in den Teufelskreis ein und besprecht, wieso das eine zum anderen führt. Diskutiert einen möglichen Ausweg aus diesem Teufelskreis.
Lest dazu auch „Ein Schultag bei den Lakota" (S. 42).

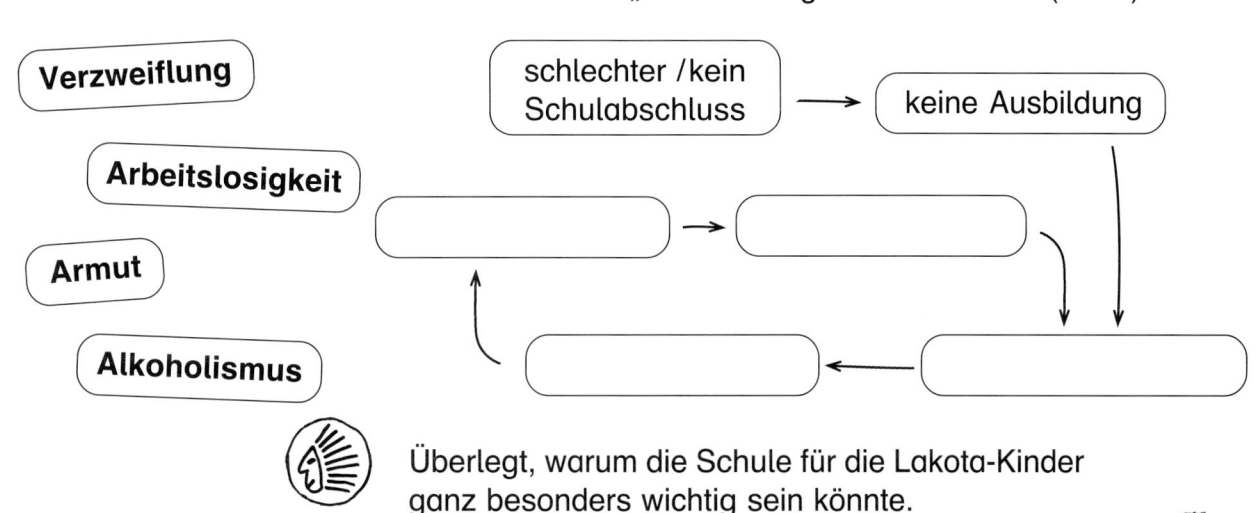

- Verzweiflung
- Arbeitslosigkeit
- Armut
- Alkoholismus

schlechter / kein Schulabschluss → keine Ausbildung

Überlegt, warum die Schule für die Lakota-Kinder ganz besonders wichtig sein könnte.

Ein Schultag bei den Lakota

Um aus dem Teufelskreis aus Alkoholismus und Arbeitslosigkeit entkommen zu können, ist ein **Schulabschluss** wichtig. Mit einem Abschluss hat man bessere Chancen, eine Arbeit zu finden. Daher müssen die Indianerkinder heute genauso zur **Schule** gehen wie wir. In der Schulturnhalle gibt es ein großes Basketballfeld, denn die Lakota-Kinder lieben Basketball, den Nationalsport der USA! Außerdem lernen sie, mit dem Computer umzugehen.

Das Fach „Englisch" entspricht unserem Fach „Deutsch", weil die Lakota Englisch sprechen. Ihre eigene Indianersprache ist das Lakota. Für viele von ihnen ist es wie eine Fremdsprache und muss neu gelernt werden. Denn zu Hause sprechen die meisten Eltern nur Englisch und kein Lakota mehr.

Ein **Stundenplan** könnte in der Lakota-Schule heute zum Beispiel so aussehen:

Schule im Pine-Ridge-Reservat

	Montag
1. Stunde	Sprache: Lakota
2. Stunde	Sprache: Lakota
3. Stunde	Lakota-Kultur
4. Stunde	Lakota-Kultur
5. Stunde	Mathematik
6. Stunde	Sprache: Englisch
Mittagspause	*Mittagessen*
7. Stunde	Sport: Basketball
8. Stunde	Sport: Basketball

Schau dir die Internetseiten von indianischen Schulen an. Du findest welche über die Little-Wound-School unter **www.lws.k12.sd.us** oder über das Oglala-Lakota-College unter **www.olc.edu**

Indianer-Leben Eine Werkstatt

Das liebste Spielzeug

Auch die Indianerkinder besaßen **Spielzeug**. Unten siehst du, welche Spielsachen ein Cheyenne-Indianerjunge besaß.

Schreibe auf die Rückseite des Blattes, welche Spielsachen du besitzt. Unterstreiche, welche davon du am liebsten magst.

Wenn du dem Cheyenne-Jungen etwas schenken würdest, welche vier Dinge würdest du am allerwenigsten hergeben wollen? Welche seiner Sachen hättest du gerne? Was würdest du dafür tauschen?

Spielzeug eines Cheyenne-Jungen

- Bison-Puppe aus Leder
- Bogen
- drei Pfeile mit Steinspitze
- sechs Pfeile mit Lederpolster
- drei Pfeile ohne Spitze
- Wurfreifen für Pfeilspiele
- vier Holzstäbe zum Würfeln
- Anhänger als Glücksbringer
- Messer mit Steinklinge in Lederscheide
- Holzmesser für Spiele
- Flügel eines Vogels
- Hasenschädel
- runder Lederschild
- Lederschnüre und Kamm für die Haare
- zehn schöne, glänzende Steinchen

Außer Spielzeug besaß der Junge vielleicht noch
- ein Schälchen mit Fett zum Einreiben der Haut.
- einen Lendenschurz aus weichem Leder.
- zwei Lederhemden.
- zwei Paar Lederhosenbeine. *(Man schlüpfte hinein und band sie an der Gürtelschnur des Lendenschurzes fest.)*
- zwei Paar Mokassins *(Schuhe)*, davon ein Paar für den Alltag und ein geschmücktes Paar für Feste.
- Lederschnüre für die Haare.
- mehrere Umhängetaschen.
- ein eigenes Pferd mit Strick zum Festbinden und Seil als Zaumzeug.

Vergleiche das mit der Anzahl der Dinge, die dir gehören.

Indianer-Leben
Eine Werkstatt

Großer Adler, Wilder Bison

„Kleiner Biber", „Wilder Bison", „Großer Adler" – in Büchern und Filmen klingen die **Namen** der Indianer oft so. Wie nannten sich Indianer früher wirklich, und wie haben sie ihre Namen bekommen? Meistens wählte man Namen, die zu ihrem Träger passten. Sie bezeichneten eine **Tat**, ein **Erlebnis** oder eine **Eigenschaft** ihres Trägers. **Häuptling Langspeer,** der tatsächlich gelebt hat, berichtet beispielsweise Folgendes:

Ein Junge, der auf einem Bison ritt und schließlich von dem Tier abgeworfen wurde, wurde nicht etwa „Der-den-Bison-reitet" genannt, sondern „Fallender Schnee". Und zwar, weil er sanft wie eine Schneeflocke zu Boden gegangen war – er hatte sich bei dem Sturz nämlich nicht verletzt.

Noch heute tragen die Indianer häufig solche Namen. Da sie in den USA leben und Englisch sprechen, sind die Namen natürlich ins Englische übersetzt. Unten findest du einige Beispiele.

Übersetze die unten aufgeführten Namen mit Hilfe deines Wörterbuchs (S. 28) ins Deutsche. Danach kannst du überlegen, welche anderen englischen Namen von Bands usw. du noch kennst. Übersetze sie mit einem Englisch-Deutsch-Wörterbuch.

Auf Englisch: **Auf Deutsch:**

Big Foot   _____

Lone Wolf   _____

Red Cloud   _____

Red Bear   _____

Crazy Horse   _____

Red Dog   _____

Two Moons   _____

Little Eagle   _____

American Horse   _____

Dances with Wolves _____

Suche dir einen Partner. Denke dir einen Indianer-Namen für ihn aus. Überlege, welcher Name gut zu ihm passen würde. Warum? Schreibe ihn in das Kästchen.

Indianer-Leben Eine Werkstatt

Tausche Pfeil gegen Kürbis

Die Indianervölker, die auf den Ebenen umherzogen, jagten den Bison. Um aber statt Fleisch kleine süße Kürbisse oder knusprige Maisfladen zu bekommen, musste man mit den Arikara-Bauern **Tauschhandel** treiben. Die *Arikara* waren ein Indianervolk, das in Erdhütten am Missourifluss lebte und seine Dörfer mit Wällen aus Holz schützte.

Stell dir vor, du ziehst mit deinem Tipidorf vor die hölzernen Grenzen eines Arikara-Dorfes. Du willst unbedingt ein paar leckere Kürbisse haben.

1. Ein **Pfeil** ist drei **Kürbisse** wert.

    Wie viele Kürbisse bekommt man für sieben Pfeile?

2. Ein **Mokassinpaar** ist drei **Pfeile** wert.

    Wie viele Kürbisse bekommt man für ein Mokassinpaar und zwei Pfeile?

    > Einfacher wird es, wenn man die Dinge aufzeichnet. Du kannst dir auch eine Tabelle erstellen, damit es übersichtlicher ist. *Tipp*

3. Ein **Bogen** kostet 21 **Pfeile**.

    a) Wie viele Mokassinpaare müsste man tauschen, um einen Bogen zu bekommen?

    b) Wie viele Kürbisse wäre nun ein Bogen wert?

4. Jetzt zu einer besonders anspruchsvollen Aufgabe. Denn früher mussten die Menschen gut überlegen, wie viel Nahrung sie für eine bestimmte Zeit brauchten.

    Fünf **Maisfladen** geben die Arikara dir für einen **Pfeil**. Drei Maisfladen reichen für zwei Personen und einen Tag.

    a) Wie viele Pfeile müsste man tauschen, wenn man zu fünft vier Tage lang Maisfladen futtern will?

    b) Wenn man zu den Maisfladen jeden Tag drei Kürbisse als Nachtisch kauft, wie viel Mokassinpaare und Pfeile müsste man insgesamt hergeben?

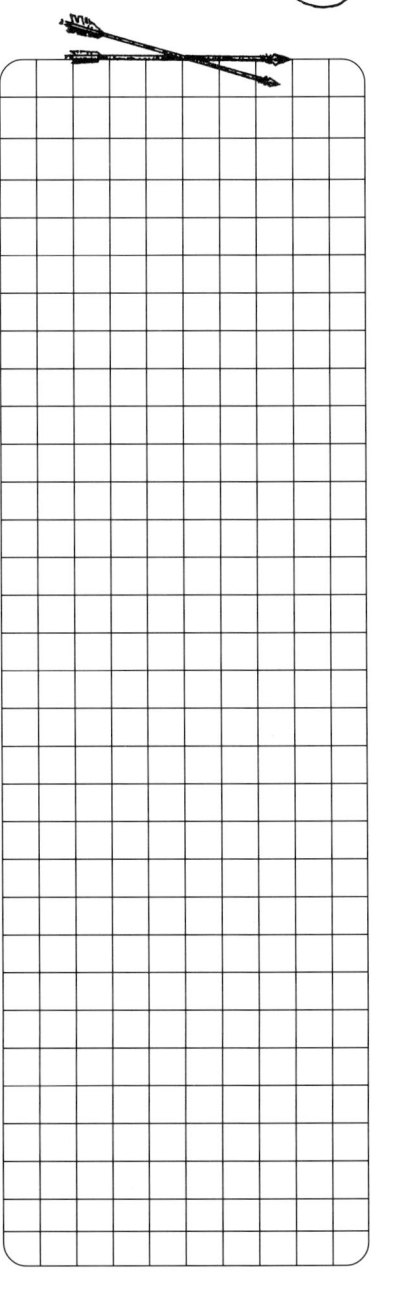

Indianer-Leben Eine Werkstatt

Der Monat des Gewitters

Die Lakota benannten die **Monate** nach den wichtigen **Ereignissen der Natur.**

Welche Namen findest du passend für die einzelnen Monate? Unten findest du die Namen, die die Lakota den Monaten gegeben haben. Schneide aus und ordne zu.

Suche dir einen Partner. Überlegt euch gemeinsam eigene Namen für die Monate des Jahres. Lasst euch zu den wichtigen Ereignissen des Jahres etwas einfallen.

Beispiele: *Juli = Monat der Zeugnisse,*
Dezember = Monat der vielen Geschenke.

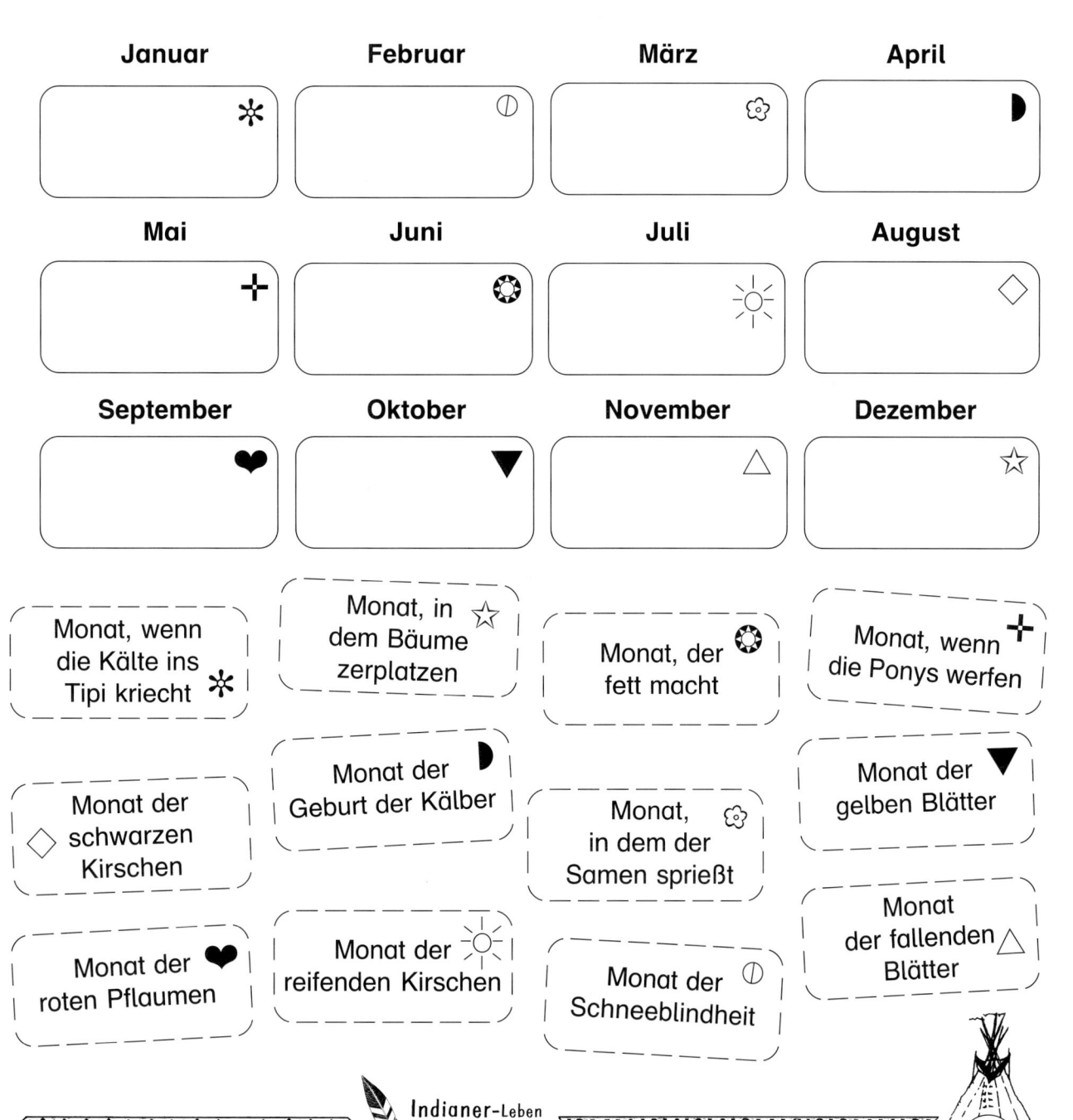

Januar ✳	Februar ◐	März ❀	April ◗
Mai ✚	Juni ✹	Juli ☀	August ◇
September ♥	Oktober ▼	November △	Dezember ☆

- Monat, wenn die Kälte ins Tipi kriecht ✳
- Monat, in dem Bäume zerplatzen ☆
- Monat, der fett macht ✹
- Monat, wenn die Ponys werfen ✚
- Monat der schwarzen Kirschen ◇
- Monat der Geburt der Kälber ◗
- Monat, in dem der Samen sprießt ❀
- Monat der gelben Blätter ▼
- Monat der roten Pflaumen ♥
- Monat der reifenden Kirschen ☀
- Monat der Schneeblindheit ◐
- Monat der fallenden Blätter △

Indianer-Leben – Eine Werkstatt

Berühmte Indianer (1)

Einige Indianer sind wegen ihres **Lebens** oder besonderer **Taten** berühmt geworden und in die Geschichte eingegangen. Du kannst dir ein kleines **Heftchen** mit einigen berühmten Indianern herstellen.

Schneide die Infokästen aus. Lege die einzelnen Seiten aufeinander und binde oder hefte sie zusammen.

Montezuma

gestorben 1520
Volk: Azteken
Stellung: Kaiser

Montezuma war der letzte große Herrscher der Azteken in Tenochtitlan. Bei der Ankunft der Spanier hielt er sie zunächst für Götter. Deshalb war er höflich und zuvorkommend zu ihnen. Die Spanier aber wollten das aztekische Reich erobern und nahmen Montezuma gefangen. Innerhalb von etwa 2 Jahren, nach vielen langen und schrecklichen Kämpfen, übernahmen die Spanier die Herrschaft über das Aztekenreich und vernichteten die Stadt Tenochtitlan vollständig.

Atahualpa

gestorben 1533
Volk: Inka
Stellung: Inka (Kaiser)

Atahualpa war der letzte Herrscher des Inka-Reiches, des größten Reiches, das es je auf dem südamerikanischen Kontinent gab. Er wurde von den spanischen Eroberern gefangen genommen. Um wieder freigelassen zu werden, bot er den Spaniern einen ganzen Raum gefüllt mit Gold an. Doch nachdem er dieses Lösegeld bezahlt hatte, ließen ihn die Spanier nicht frei, sondern töteten ihn – aus Angst vor seiner Macht. Nach Atahualpas Tod dauerte es noch etwa ein Jahr, bis das Inka-Reich von den Spaniern eingenommen war.

Berühmte Indianer (2)

Osceola

1804–ca. 1838
Volk: Seminole
Stellung: Häuptling

Osceola war ein Widerstandskämpfer gegen die Amerikaner, die die Indianer zu Sklaven machen wollten. Er war sehr klug und schaffte es, recht erfolgreich gegen die Truppen der Vereinigten Staaten zu kämpfen. Schließlich wurde er bei einem heimtückischen Überfall der Weißen gefangen genommen und ins Gefängnis gebracht.

Goyathlay (Geronimo)

ca. 1829–1910
Volk: Inde („Apachen")
Stellung: Häuptling

Seine Familie wurde von Mexikanern getötet. Deshalb überfiel Goyathlay mit seinen Kriegern immer wieder weiße Siedler. Er weigerte sich, ins Reservat zu gehen und brach selbst nach seiner Gefangennahme mehrfach aus dem Reservat aus. 5 400 amerikanische Soldaten jagten seine 40 Mann und ihn.

Red Cloud

1822–1909
Volk: Oglala Lakota
Stellung: Häuptling

Red Cloud kämpfte unermüdlich für die Rechte der Lakota. Er führte mit mehreren Stämmen Kriege gegen die Armee der Amerikaner. Er wollte verhindern, dass weiße Siedler in die Gebiete der Lakota eindrangen und diese für sich beanspruchten. Daher schloss er Friedensverträge mit der Regierung. Doch die Amerikaner brachen regelmäßig fast alle ihre Verträge und Abmachungen.

Indianer-Leben
Eine **Werkstatt**

Berühmte Indianer (3)

Tatanka Yotanka (Sitting Bull)

ca. 1831–1890
Volk: Hunkpapa Lakota
Stellung: Häuptling

Der berühmte Indianerhäuptling „Sitting Bull" verbündete viele Stämme der Prärie-Indianer und kämpfte gemeinsam mit ihnen gegen die weißen Eindringlinge. Einen großen Sieg erlangten die Indianer unter seiner Führung in der berühmten Schlacht am Fluss „Little Big Horn". Später musste er in ein Reservat gehen. Trotzdem versuchte er noch immer zu verhindern, dass die Amerikaner das Land der Indianer unter sich aufteilten und ihnen damit ihren Lebensraum nahmen.

Sitanka (Big Foot)

ca. 1825–1890
Volk: Miniconjou Lakota
Stellung: Häuptling

Sitanka war berühmt für seine geschickten Verhandlungen. Viele Indianerhäuptlinge suchten bei ihm Rat. Mit ihm sollten viele Indianer ins Reservat gehen. Auf dem Weg dorthin wurden sie am Bach „Wounded Knee" von Soldaten angehalten. Sie wurden gezwungen, ihre Waffen abzugeben. Als die Soldaten einem Indianer ein Gewehr wegnehmen wollten, löste sich ein Schuss. Das war der Beginn eines grausamem Gemetzels, bei dem etwa 300 Lakota, unter ihnen Big Foot, getötet wurden.

Chief Joseph

ca. 1840–1904
Volk: Nez Perce
Stellung: Häuptling

Chief Joseph widersetzte sich jahrelang den Versuchen der weißen Siedler, die Nez Perce aus ihren Gebieten zu vertreiben. Er verhandelte lange mit der Regierung und wollte eine friedliche Lösung für Indianer und Siedler finden. Doch die Siedler beanspruchten das Land für sich und vertrieben die Nez Perce. Nach einer Schlacht gegen die US-Soldaten beschloss Chief Joseph, mit seinen Leuten nach Kanada zu fliehen. Doch sie wurden vorher von den Soldaten aufgehalten und mussten schließlich in ein Reservat ziehen.

Indianer-Leben Eine Werkstatt

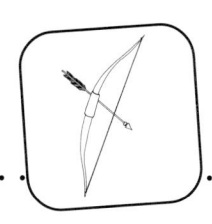

Spiele zum Mutigsein

Die Indianer brauchten bei der Jagd nicht nur scharfe Sinne. Wenn sie zum Beispiel einen Hirsch entdeckt hatten, mussten sie sich geschickt vor ihm verstecken und ihn mit Pfeil und Bogen treffen können. Um das zu üben, spielten sie **Jagdspiele.** Genauso wie wir spielten sie aber auch sehr gerne eine Art Hockey, Wettrennen oder **Geschicklichkeitsspiele.**

Dann gab es noch viele Spiele, bei denen man seinen **Mut** beweisen musste. Indianer der Grasebenen mussten sich beispielsweise trauen können, einen Bison zu jagen. Stand man ihm gegenüber, ragte er auf wie ein Berg aus Fell und Muskeln, mit zwei gefährlichen Hörnern und einem Unheil verkündenden Schnaufen. Außerdem war er im Sommer nicht allein, sondern brachte seine ganze Familie mit und dazu noch viele andere Bisons. Das ergab eine riesige Herde.

Es wurden noch andere Spiele gespielt, die uns heute sehr grausam vorkommen. Sie dienten dazu, **Schmerzen** ertragen zu lernen. So haben sich die Kinder zum Beispiel gegenseitig mit Lehmkugeln beworfen oder sich in **Kampfspielen** Verletzungen zugefügt.

Welche Spiele spielt ihr am liebsten, zum Beispiel in der Pause oder zu Hause? Überlegt, worauf es bei diesen Spielen ankommt: Braucht man dazu Geduld oder Geschicklichkeit? Oder braucht man Mut – oder sogar Wissen? Könnt ihr bei diesen Spielen vielleicht auch etwas lernen, was ihr später als Erwachsene brauchen könnt?

Probiert gemeinsam aus, wie mutig und geschickt ihr seid, indem ihr das ungefährliche Spiel „Kupferkopfschlange" (S. 51) spielt. Je langsamer die Jäger sich anschleichen und je dichter sie sich an die Schlange herantrauen, desto mutiger sind sie.

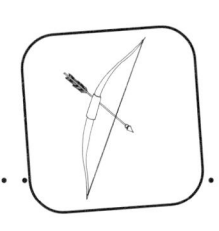

Die Kupferkopfschlange

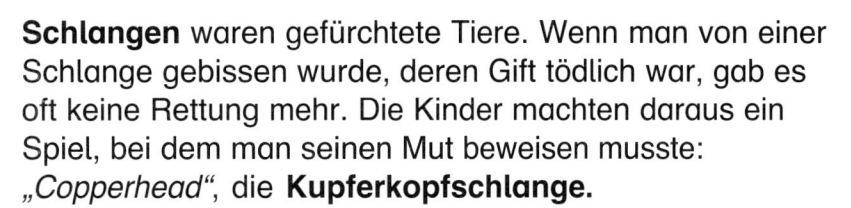

Schlangen waren gefürchtete Tiere. Wenn man von einer Schlange gebissen wurde, deren Gift tödlich war, gab es oft keine Rettung mehr. Die Kinder machten daraus ein Spiel, bei dem man seinen Mut beweisen musste: *„Copperhead"*, die **Kupferkopfschlange.**

Mitspieler
3–7 Spieler

Spielanleitung

- Das Spiel funktioniert am besten auf einer Wiese. Ein Spieler kniet sich auf den Boden. Er ist die Kupferkopfschlange. Als „Giftzahn" bekommt er ein zusammengerolltes Blatt Papier in die Hand.
- Nun werden der Kupferkopfschlange die Augen verbunden.
- Vier Kinder sind die Jäger. In jeder Himmelsrichtung stellt sich ein Jäger auf. Auf das Zeichen des Spielleiters hin beginnt einer der Jäger, sich an die Schlange heranzuschleichen. Es darf immer nur ein Jäger auf einmal schleichen.
- Der Jäger, der sich anschleicht, muss nun versuchen, die Schlange zu fangen, ohne gebissen zu werden. Schafft er es, seine Hand sanft auf den Scheitel der Schlange zu legen, ohne „gebissen" (von dem zusammengerollten Blatt getroffen) zu werden, hat er gewonnen.
- Hört die Schlange ihn jedoch und trifft sie ihn mit dem Giftzahn, scheidet der Jäger aus und einer der anderen drei erhält eine Chance.

Zwei Dinge sind besonders wichtig:

- Wer langsam und vielleicht einmal um die Schlange herum schleicht, der hat Mut bewiesen. Hinlaufen oder mit gestrecktem Arm den Kopf „abklatschen" kann doch jeder!
- Schlangen beißen einmal schnell und gezielt zu. Also darf die Schlange auch nur einmal mit dem Giftzahn zuschlagen und muss dann den Arm zurückziehen. Sie darf erneut zuschlagen, sobald sie den Jäger wieder hört.

Aus: Wickenhäuser, Ruben Philipp:
Indianer-Spiele. Spiele der Ureinwohner Amerikas für die Kids von heute.
Verlag an der Ruhr

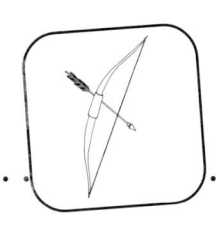

Bisonjagd

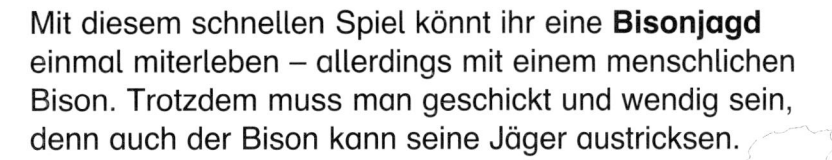

Mit diesem schnellen Spiel könnt ihr eine **Bisonjagd** einmal miterleben – allerdings mit einem menschlichen Bison. Trotzdem muss man geschickt und wendig sein, denn auch der Bison kann seine Jäger austricksen.

Mitspieler
4 – 20 Spieler

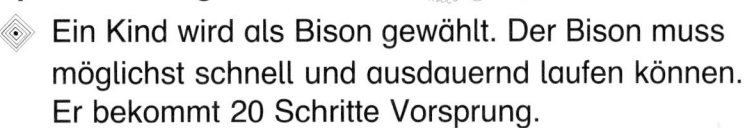

Spielanleitung

- Ein Kind wird als Bison gewählt. Der Bison muss möglichst schnell und ausdauernd laufen können. Er bekommt 20 Schritte Vorsprung.
- Die anderen Kinder sind die Jäger. Sie jagen hinter dem Bison her und versuchen, ihn an einem Teil seines Körpers zu berühren.
- Wird der Bison berührt und wehrt sich nicht gegen den Jäger, so ist er gefangen und das Spiel beginnt von neuem.
- Der Bison kann sich aber wehren. Da er ein starkes und massiges Tier ist, kann er den Jäger (leicht) zurückschlagen. Der Jäger scheidet dann aus dem Spiel aus.
- Der Bison kann sich auch vor den Jägern schützen, indem er sie, bevor sie ihn abschlagen können, an sich vorbeilaufen lässt. Er muss nur einen geschickten Schritt zur Seite machen, den Jäger „ins Leere" laufen lassen und ihn abschlagen. Dann scheidet auch dieser Jäger aus.
- Am besten vereinbart ihr eine bestimmte Zone, in die der Bison flüchten muss, um vor den Jägern sicher zu sein. Wird er bis dort nicht abgeschlagen, so ist er entkommen und die Jäger müssen hungrig ins Dorf zurückgehen.

Spielvariante für einen guten Bison:

- Es wird ein Kreis von 15 – 30 m Durchmesser abgesteckt, den die Spieler nicht verlassen dürfen. Es gibt also keine Möglichkeit zur Flucht.
- 1 – 7 Jäger versuchen nun, ihr Opfer abzuschlagen, das seinerseits alle Jäger durch geschicktes Ausweichen abzuschlagen versucht.

Aus: Wickenhäuser, Ruben Philipp:
Indianer-Spiele. Spiele der Ureinwohner Amerikas für die Kids von heute.
Verlag an der Ruhr

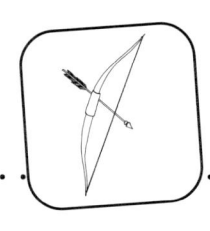

Köcher, Pfeil und Bogen (1)

Der Köcher

Ihr könnt euch recht einfach eine "**Indianerausrüstung**" selbst basteln. Ein klassischer Köcher der Prärieindianer besteht aus zwei Taschen: einer für die Pfeile und einer für den Bogen.

Ein Köcher ist eine Art Tasche, in der die Pfeile und der Bogen aufbewahrt wurden. Man konnte ihn sich über die Schultern hängen.

Du brauchst:
- 1 Stock (Länge: ca. 50 cm, Durchmesser: ca. 1,5 cm, am besten aus Eschenholz)
- Leinengarn (Nähgarn) mit Nadel
- Paketschnur
- Sackleinen oder Bettlaken
- Farbige Kreide oder Kohle
- Schere

Tipp: Das Bettlaken kann vorher gebatikt werden.

So geht es:

1. Mit Kreide die Schnittmuster auf den Stoff zeichnen.

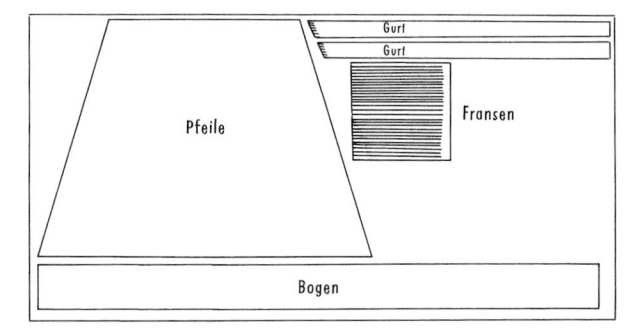

Schnittmuster

2. Alle Teile ausschneiden.

3. Bogen- und Pfeiletasche jeweils der Länge nach zusammenklappen und an den Rändern mit Leinengarn vernähen. Danach umstülpen („auf rechts drehen").

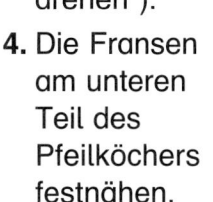

4. Die Fransen am unteren Teil des Pfeilköchers festnähen.

5. Zwei Paketschnüre an dem Stock befestigen und knapp unter der Längsnaht an zwei Stellen durch den Stoff des Pfeilköchers ziehen.

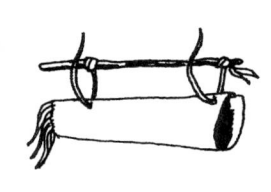

6. Ebenso zwei Schnüre durch die Bogentasche ziehen und gegenüber der Pfeiltasche am Stock befestigen.

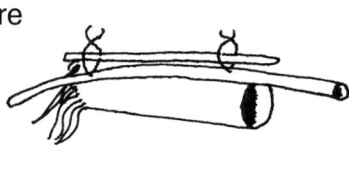

7. Den Umhängegurt unter dem Bogenköcher hindurch, über den Stock und über den Pfeilköcher legen.

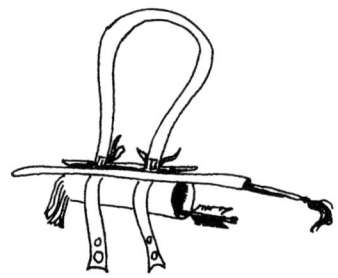

8. Die zwei Schnüre nun noch fest mit dem Umhängegurt verknüpfen.

9. An den beiden Enden des Umhängegurts können nun Verzierungen angebracht werden: Wasserfarben oder ein Stück anderen Stoffes oder auch aufgenähte Kronenkorken.

10. Der Köcher ist fertig. Nun muss er noch gefüllt werden.

Indianer-Leben Eine Werkstatt

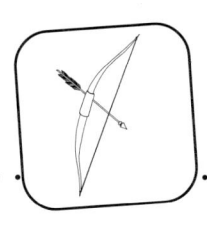

Köcher, Pfeil und Bogen (2)

Die Pfeile

Du brauchst (für einen Pfeil):
- 1 Rundholz (Länge: 60 cm, Durchmesser: 0,8 cm)
- 2 Federn (von Gans oder Truthahn)
- Flüssigklebstoff
- starkes Nähgarn (am besten Leinengarn)
- eine Schnur (etwa 40 cm lang)
- Wasserfarben für Verzierungen
- Stoffreste

So geht es:

1. Damit du deinen Pfeil immer gut finden kannst, wenn er auf der Wiese verloren gegangen ist, kannst du das Rundholz gelb oder orange einfärben.

2. Das eine Ende des Rundholzes muss nun mit einer Kerbe für die Bogensehne versehen werden. Das kann dein Lehrer bzw. deine Lehrerin mit einem Messer tun. Früher wurde die Kerbe häufig eingebrannt.

3. Nun wird die Feder geteilt. Greife die Feder ganz oben an der Spitze mit beiden Händen von rechts und von links zwischen Daumen und Zeigefinger. Ziehe die Hände ganz langsam auseinander. Die breitere „Fahne" (Federhälfte) löst sich jetzt wie ein Reißverschluss von dem Federkiel ab. Bleibe mit Daumen und Zeigefinger immer dicht an der Spalte, wo die Feder einreißt. Ziehe die Fahne ganz vom Federkiel ab.

4. Schneide mit einer Schere vorsichtig etwa einen Finger breit in die Spitze der Feder ein.

5. Schneide in gerader Linie ein Stück vom Kamm der Feder ab.

6. Lege nun eine Federfahne gegen den Stab. Halte sie über das Ende mit der Kerbe. Tupfe einen Tropfen Klebe auf den Stab. Drücke die Fahne gegen den Stab in die Klebe hinein. Die Feder hält jetzt locker am Stab. Mache das gleiche mit der anderen Fahne. Sie wird auf der anderen Seite an den Stab geklebt.

7. Nimm den Faden und wickele ihn mehrmals um das obere Ende der Federn – dort, wo sie am Stab kleben. Dann mache das gleiche mit dem unteren Federende. Dein Pfeil ist jetzt befiedert.

Tipp: Anstatt dieser komplizierten Befiederung kannst du auch deine Feder einfach am Ende des Pfeils festbinden.

8. Jagdpfeile besaßen eine Spitze, Spielpfeile aber ein Polster. Falte also aus einem runden Stoffstück ein Säckchen. Stopfe es mit Stoffresten dick aus. Der Holzstab darf nicht zugespitzt worden sein.

9. Bestreiche nun die Pfeilspitze mit Klebe und stecke das Stoffsäckchen darauf. Mit der Schnur wird das Säckchen gut festgebunden. Achte darauf, dass es richtig fest wie eine Kugel auf der Spitze liegt und nicht hin- und herbaumelt.

Dein Pfeil ist fertig!

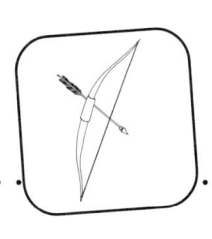

Köcher, Pfeil und Bogen (3)

Der Bogen

Bastele dir einen einfachen Haselnuss-Flitzbogen. Richtige Bögen erfordern große Kenntnis, viel Zeit und gutes, lang getrocknetes Holz.
Trotzdem werden hier Tricks verraten, die viele Indianervölker für ihre starken Jagdbögen verwendet haben!

Du brauchst:
- Ast aus Haselnussholz oder Eschenholz mit möglichst wenig Astlöchern (Länge: 1,20–1,40 m)
- 1,50 m Paketgarn oder Schnur
- etwa 10 cm langes Holzstückchen für das Griffstück (Breite: wie der Durchmesser des Bogens)

So geht es:

1. Schäle die Rinde vom Bogenholz. Achte darauf, dass du nur die Rinde abschälst und keine Kerben ins Holz schneidest!
2. Lass das Holz etwa zwei Wochen trocknen.
3. Binde etwas Schnur so lange straff um jedes Ende des Bogens, bis du oben und unten einen dicken Knubbel hast. An diesem Knubbel wird die Sehne eingehängt. 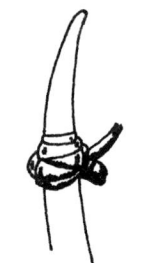
4. Lege das Griffstück genau auf die Mitte auf der Außenseite des Bogens. Wickle etwa einen Meter Paketschnur straff darum herum, sodass Griffstück und Bogen zusammengehalten werden. 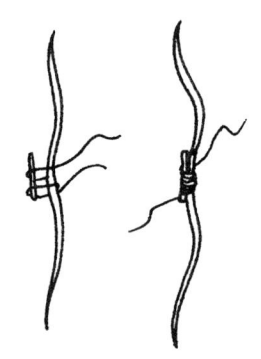
5. Jetzt lege die zweite Schnur für die Bogensehne zwei Mal zusammen. Binde das eine Ende an dem unteren Ende des Bogens fest. 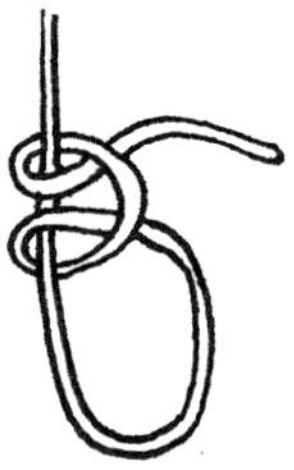
6. Verdrehe die Schnur, bis ein starkes Seil aus den zusammengelegten Teilen entsteht. Das bindest du am Schluss mit einer lockeren Schlinge um das obere Bogenende herum zusammen.
7. Um den Bogen zu spannen, wird das untere Ende fest auf den Boden gedrückt, während man die Schlinge am Sehnenende auf den oberen Knubbel hängt. Die gespannte Sehne muss schön straff sein. Wenn du den Bogen nicht mehr benutzt, muss er wieder entspannt werden, damit er nicht ausleiert.
8. Der Bogen ist fertig! Du kannst ihn nun noch bemalen und verzieren (Vorder- und Rückseite anders). War das Holz nicht gut genug oder ein Teil des Bogens zu dünn, kann er zerbrechen. Er kann jetzt für viele Spiele und zum Wettschießen verwendet werden. Man kann herausfinden, wer seine Pfeile am schnellsten oder am weitesten verschießt.

Achtung:
Auch, wenn ihr gepolsterte Pfeile verwendet – schießt damit niemals auf andere Kinder!

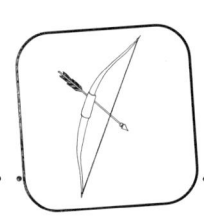

Durch die Badlands

Die **Badlands** sind ein **Nationalpark** mitten in den USA im Bundesstaat South Dakota. Sie sind Teil des Pine-Ridge-Reservats der Lakota-Indianer. Die karge Landschaft der Badlands besteht aus schroffen Sandbergen mit nur wenig Grün.

Der Bison hat sich in den Sandbergen verlaufen. Ihm ist schrecklich heiß. Außerdem gibt es hier nicht ein Grashälmchen zu fressen! Kannst du ihm den richtigen Weg in die Grasebenen zeigen?

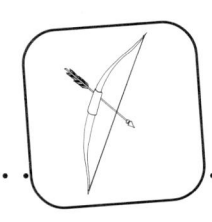

Indianer-Spiel

Testet euer **Indianer-Wissen** und spielt das Indianer-Spiel.

Ihr braucht:
- mindestens 2 Spieler
- 1 Würfel
- Spielfiguren
- Fragekarten (S. 58–60)
- Spielplan (S. 61)

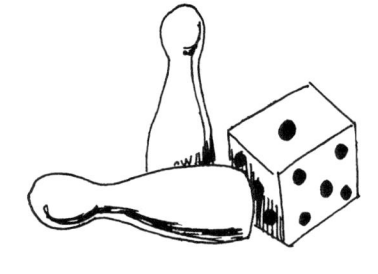

So geht es:
1. Bereitet alles zum Spielen vor: Schneidet die Fragekarten aus und legt sie zu einem Stapel zusammen. Wenn ihr möchtet, könnt ihr den Spielplan bunt malen.
2. Würfelt abwechselnd. Wer auf ein **Fragefeld** kommt, muss eine Frage beantworten.
3. Wer die Frage richtig beantwortet, darf noch einmal würfeln.
4. Wer auf ein **Ereignisfeld** kommt, muss die entsprechende Anweisung befolgen.
5. Gewonnen hat, wer zuerst im Ziel ist.

Spielvariante:

Indianer-Quiz

Ihr könnt auch ein Indianer-Quiz spielen. Dazu braucht ihr keinen Spielplan.

Ihr braucht:
- 3 Spieler
- Fragekarten (S. 58–60)

So geht es:
1. Ein Kind ist der „Quizmaster", zwei Kinder sind die „Kandidaten".
2. Der Quizmaster bekommt alle Fragekarten und hält sie so, dass die anderen nicht hineinschauen können.
3. Er stellt nun eine Frage. Die Kandidaten antworten so schnell wie möglich.
4. Wer zuerst die richtige Antwort sagt, bekommt die Fragekarten.
5. Der Kandidat mit den meisten Fragekarten gewinnt am Ende.
6. Tauscht danach eure Rollen.

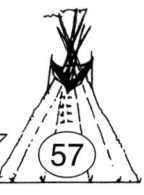

Indianer-Leben
Eine Werkstatt

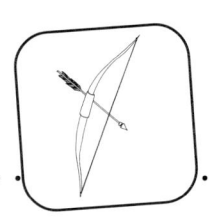

Indianer-Spiel: Fragekarten (1)

Frage
Nenne mindestens drei Indianervölker!

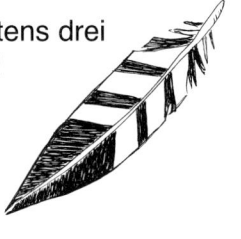

Antwort
Z.B. Azteken, Arikara, Cheyenne, Cherokee, Inuit, Inka, Lakota, Maya, Nootka, Yanomami usw.

Frage
Was brachten die europäischen Einwanderer mit nach Amerika? *(Eine Antwort genügt.)*

Antwort
Z.B. Pferde, Waffen aus Eisen, Schießpulver, viele Krankheiten.

Frage
Welches waren die typischen Häuser der Prärieindianer, z.B. der Cheyenne oder Lakota?

Antwort
Lederzelte (Tipis)

Frage
Wer hatte bei den Azteken besonders viel Einfluss?
A: Sklaven
B: Geheimnismänner
C: Priester

Antwort
C, die Priester

Frage
Welches Indianervolk hatte eine richtige Armee und machte auf Kriegszügen Gefangene, um sie dem Sonnengott zu opfern?

Antwort
Die Azteken

Frage
Welches große Tier wurde in den Grassteppen der Prärie häufig gejagt und war Nahrungsgrundlage für viele Indianervölker?

Antwort
Der Bison

Indianer-Leben Eine Werkstatt

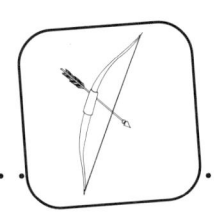

Indianer-Spiel: Fragekarten (2)

Frage
Was machten einige Indianervölker, wenn sie ein Tier erjagt hatten und mit der Beute zurück ins Dorf kamen?
A: Sie verkauften die Beute sofort.
B: Sie verschenkten Fleisch an die Ärmsten des Dorfes.
C: Sie vergruben das Fleisch, um es später zu essen.

Antwort
B, sie verschenkten Fleisch an die Ärmsten des Dorfes.

Frage
Wie heißt der Bison auf Englisch?

Antwort
Buffalo

Frage
Wie verständigten sich viele Indianervölker bei der Jagd?

Antwort
Mit Handzeichen/Zeichensprache

Frage
Welche Probleme haben viele Indianer heutzutage?
(Eine Antwort genügt.)

Antwort
Z.B. Armut, schlechter oder kein Schulabschluss, Arbeitslosigkeit, Alkoholismus, Fettleibigkeit, Verzweiflung

---

Frage
Was könnte bei den Indianerkindern von heute am ehesten auf dem Stundenplan stehen?
A: Jagen
B: Mathematik
C: Kämpfen

Antwort
B, Mathematik

Frage
Nenne zwei berühmte Indianer der Geschichte.

Antwort
Z.B. Montezuma, Atahualpa, Tatanka Yotanka (Sitting Bull), Goyathlay (Geronimo), Red Cloud, Osceola, Sitanka (Big Foot), Chief Joseph usw.

Indianer-Leben
Eine Werkstatt

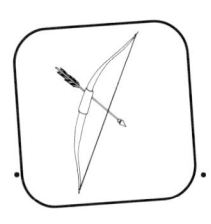

Indianer-Spiel: Fragekarten (3)

Frage
Wie hieß der mächtigste Gott der Azteken?
A: Huitzilopochtli
B: Holladrihodi
C: Großer Geist

Antwort
A, Huitzilopochtli

Frage
Was war Quipu, die Schrift der Inka, genau?
A: Eine Keilschrift
B: Eine Silbenschrift
C: Eine Knotenschrift

Antwort
C, eine Knotenschrift

Frage
Was mussten die Kinder der Indianer tun, die vom Ackerbau lebten?
A: Fischen und Jagen gehen
B: Den Eltern bei der Feldarbeit helfen
C: Spielen und Kämpfen

Antwort
B, den Eltern bei der Feldarbeit helfen

Frage
Welches Indianervolk hatte richtige Schulen für die Kinder?

Antwort
Die Azteken

Frage
Wie hieß die Schrift der Lakota?
A: Wintererzählung
B: Sommererzählung
C: Herbsterzählung

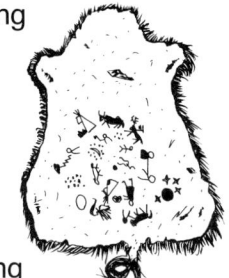

Antwort
A, Wintererzählung

Frage
Wo müssen heute viele Indianer leben, weil die Einwanderer sie aus ihren Gebieten vertrieben haben?

Antwort
In Reservaten

Indianer-Leben
Eine Werkstatt

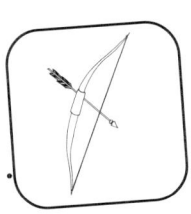

Indianer-Spiel: Spielplan

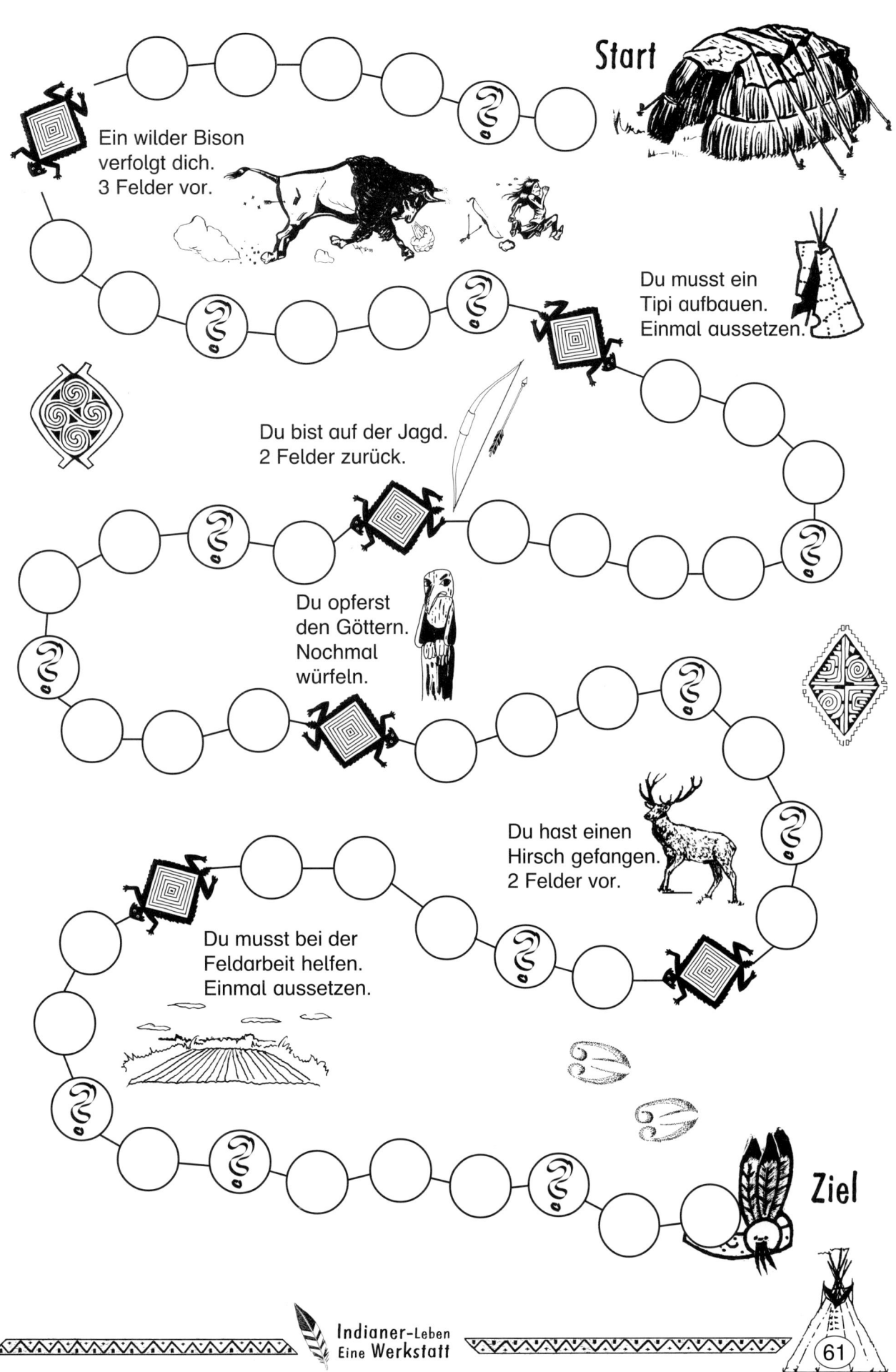

Start

Ein wilder Bison verfolgt dich. 3 Felder vor.

Du musst ein Tipi aufbauen. Einmal aussetzen.

Du bist auf der Jagd. 2 Felder zurück.

Du opferst den Göttern. Nochmal würfeln.

Du hast einen Hirsch gefangen. 2 Felder vor.

Du musst bei der Feldarbeit helfen. Einmal aussetzen.

Ziel

Indianer-Leben
Eine Werkstatt

Indianerfedern und Gamsbart

Dass nicht alle Indianer gleich sind, hast du bereits gelernt. Genauso wenig, wie alle Deutschen Lederhosen und Filzhüte mit Gamsbart tragen oder Bier aus bayrischen Maßkrügen trinken, tragen nicht alle Indianer einen Federschmuck. Sie reiten auch nicht alle über die Prärie und sprechen nicht alle dieselbe Sprache.

Trotzdem haben viele Menschen eine bestimmte **Vorstellung** von Indianern. Sie übertragen ganz allgemeine Eigenschaften auf diese bestimmte Gruppe von Menschen, ohne zu wissen, ob die Eigenschaften für alle diese Menschen zutreffen. Das nennt man ein **Klischee.**

So, wie auf diesem Bild stellen sich viele Menschen einen „typischen Indianer" vor.

Chief Two Moons

Überlegt, von welchen typischen Klischees ihr schon gehört habt, und zwar nicht nur über Indianer! Diskutiert, wie sie wohl entstanden sind.

Beispiele für Klischees:

- Italiener essen nur Spagetti.
- Lehrer tragen immer eine Brille.
- Alle Schotten sind geizig.
- Blonde Frauen sind dumm.
- Engländer können nicht kochen.

Die Magie der Vergangenheit

Die Indianer faszinieren viele Menschen. Wir können uns kaum vorstellen, selber über die weite Prärie zu laufen, Bisonherden zu sehen und in Zelten statt in Häusern zu leben.

Wenn Archäologen alte **Fundstücke** aus vergangenen Zeiten finden, so fällt es nicht schwer, sagenhafte Legenden rund um diese Funde zu spinnen. Geheimnisvoll sind zum Beispiel die grimmig dreinschauenden Statuen und riesigen Steinpyramiden der *Maya* und *Azteken*.

Viele Geschichten ranken sich auch um die „Totempfähle" der *Nootka* und anderer Indianer der Nordwestküste.

Da kann es leicht passieren, dass man einem Fundstück einen **Verwendungszweck** zuschreibt, den es gar nicht gehabt hat. Zum Beispiel könnte man ein altes Küchenmesser für einen Dolch halten. Dann glaubt man vielleicht, dass der Besitzer nicht ein Koch, sondern ein blutrünstiger Krieger gewesen ist.

Bildet Forscherteams von zwei bis vier Kindern.
Was würde man wohl in tausend Jahren aus unserer Zeit noch finden können?
Und wenn man nicht weiß, wozu es gut war –
welchen Nutzen könnte man sich dafür ausdenken?

Beispiel: Euer Forscherteam findet im Jahr 3003 einen Dosenöffner. In tausend Jahren gibt es aber keine Dosen mehr, also auch keine Dosenöffner. Welchen Zweck könnte man in tausend Jahren einem ausgegrabenen Dosenöffner wohl zuschreiben?

Schreibt eine Geschichte über die Entdeckungen eures Forscherteams.

In diesem Rätsel werden Gegenstände alter Indianerkulturen gesucht. Unten siehst du, welche Begriffe du eintragen musst.

Geschnitzter Baumstamm mit Wappentieren	☐☐☐☐☐☐☐☐☐☐
Damit töteten die Azteken Menschen für ihre Götter	☐☐☐☐☐☐☐☐☐☐☐
Diese rauchten einige Indianerstämme bei Vertragsabschlüssen	☐☐☐☐☐☐☐☐—☐☐☐☐☐☐
langstieliger Hammer mit einem Steinkopf	☐☐☐☐☐☐☐☐☐☐

Opfermesser   Friedenspfeife   Totempfahl   Kriegskeule

Indianer-Leben Eine Werkstatt

Indianer sein – die schönste Sache der Welt?

Hättest du gerne vor ein paar hundert Jahren als Indianer gelebt? Du hättest zum Beispiel über die Steppe pirschen und Bisons jagen können, anstatt heute die Schulbank drücken zu müssen. Doch ob das Indianer-Leben so angenehm war?
Die nordamerikanischen Indianervölker waren **Naturvölker.** Das heißt, dass sie sich sehr gut an die Natur angepasst und diese für sich genutzt haben. Sie waren aber auch stark von der Natur abhängig. Egal, ob es sich um die Versorgung mit Nahrung oder die Herstellung von Alltagsgegenständen handelte: Wetter, Jahreszeiten und andere natürliche Gegebenheiten beeinflussten das Leben der Indianer stark.

Unten siehst du ein Indianerkind von früher und ein Kind von heute. Ordne die Begriffe richtig zu.

Schreibe auf, was das Leben der indianischen Naturvölker früher von unserem heutigen Leben unterscheidet.

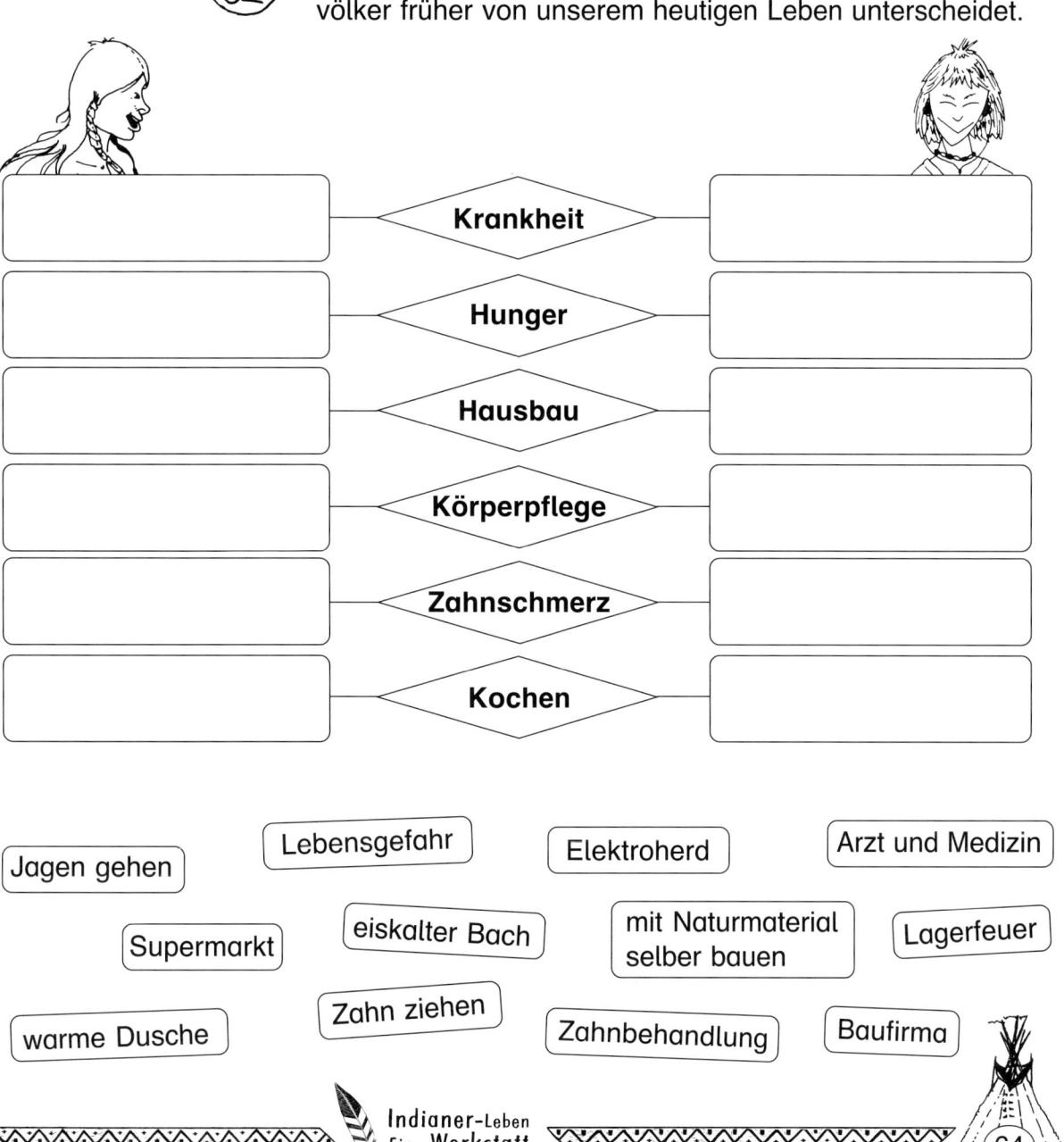

	Krankheit	
	Hunger	
	Hausbau	
	Körperpflege	
	Zahnschmerz	
	Kochen	

Jagen gehen · Lebensgefahr · Elektroherd · Arzt und Medizin · Supermarkt · eiskalter Bach · mit Naturmaterial selber bauen · Lagerfeuer · warme Dusche · Zahn ziehen · Zahnbehandlung · Baufirma

Indianer-Leben
Eine Werkstatt

Der Goldene Bison

Wenn ihr euch noch besser über die Indianer informieren wollt, könnt ihr **Sachbücher** oder Bücher mit **Indianergeschichten** aus der Bücherei ausleihen oder sie euch schenken lassen. Bringt sie in die Schule mit und stellt sie auf einem Büchertisch in eurer Klasse aus!

Wählt vier kurze Indianergeschichten aus Büchern aus. Wenn möglich, sollte jeder in der Klasse diese Geschichten lesen.

Erzählt euren Mitschülerinnen und Mitschülern, welche dieser Geschichten euch am besten gefallen und warum. Verteidigt eure Geschichte gegen die Kritik der anderen. Einigt euch zum Schluss auf eine Geschichte, die den meisten Kindern gefällt. Dieser Geschichte könnt ihr einen Literaturpreis verleihen: **Den Goldenen Bison!**

Der Goldene Bison kann ein golden angemalter Bison aus verleimten Steinen auf trockenem Moos sein. Ihr könnt auch anderes Material benutzen, zum Beispiel Balsaholz, Pappmaschee, Gips usw.

Ihr könnt auch selber eine Indianergeschichte schreiben. Tragt sie der Klasse vor. Dann wird mit Zetteln geheim abgestimmt. Die Geschichte mit den meisten Stimmen bekommt den Goldenen Bison.

Indianer-Leben Eine Werkstatt

Das Internet

Im Internet gibt es viele Seiten, die sich mit dem Thema **Indianer** beschäftigen. Du kannst hier viele **Informationen** über das Leben der Indianer finden. Doch bei allem, was du im Internet findest, solltest du vorher prüfen, ob diese Informationen zuverlässig sind und das Leben der Indianer so beschreiben, wie es wirklich war. Denn im Internet kann jeder, der möchte, Informationen veröffentlichen.

Checkliste
- Ist die Seite übersichtlich?
- Findet ihr schnell, was ihr sucht?
- Kommt ihr schnell wieder auf die Start-Seite?
- Ist die Schrift groß genug und gut zu lesen?
- Gibt es Bilder? Wenn ja, sind sie klar und deutlich zu erkennen?

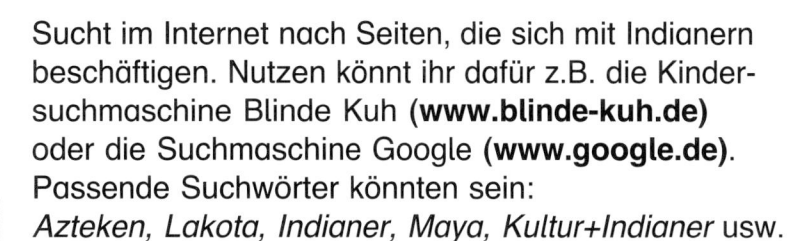

Sucht im Internet nach Seiten, die sich mit Indianern beschäftigen. Nutzen könnt ihr dafür z.B. die Kindersuchmaschine Blinde Kuh (**www.blinde-kuh.de**) oder die Suchmaschine Google (**www.google.de**). Passende Suchwörter könnten sein: *Azteken, Lakota, Indianer, Maya, Kultur+Indianer* usw.

Beurteilt, ob ihr die Homepages gut oder schlecht gemacht findet. Wenn ihr die Fragen der **Checkliste** mit *Ja* beantworten könnt, habt ihr es wahrscheinlich mit einer gut gestalteten Seite zu tun.

Diskutiert dann, ob die Informationen von der Homepage zuverlässig sind.
Dazu folgende Anregungen: Was weist auf eine Homepage hin, die den Leser gut informiert? Kreuzt an.

	Gute Information	Oberflächliche Information	Kann man nicht beurteilen
Viele Links zu anderen Seiten.	☐	☐	☐
Links zu Seiten, die von Indianern selbst gemacht werden.	☐	☐	☐
Bilder von federgeschmückten Häuptlingen hoch zu Ross.	☐	☐	☐
Verweise auf Quellen, also darauf, woher die Informationen stammen.	☐	☐	☐
Allgemeine Feststellungen, z.B. „Die Indianer sind gut" usw.	☐	☐	☐
Eine kurze Adresse (wie www.dieindianer.xy).	☐	☐	☐
Wörter wie „vielleicht", „möglicherweise", „soweit wir wissen" usw. in den Texten.	☐	☐	☐
Hinweise darauf, dass es in Nord- und Südamerika Indianer gibt.	☐	☐	☐
Texte zur Situation der Indianer heute.	☐	☐	☐

Sind Indianer die besseren Menschen?

Oft werden Indianer bei uns als Freunde der Natur und deshalb als bessere Menschen dargestellt.

Das folgende Zitat stammt angeblich von **Häuptling Seattle** (1851):

> „Wenn ihr den letzten Baum zerstört,
> dem letzten Fluss die Klarheit nehmt,
> den letzten Wilden habt bekehrt,
> der letzte Vogel nicht mehr singt (...).
> Werdet ihr erst dann einsehen,
> dass ihr euer schönes Geld
> nicht essen könnt,
> welch' Menge ihr auch nehmt."

- Beschreibe kurz in eigenen Worten, was Häuptling Seattle mit diesen Worten wohl sagen will.

- Schreibe selber ein kurzes Gedicht oder eine Kurzgeschichte, die ausdrückt, was du für wichtig hältst. Du kannst dafür Themen wählen wie zum Beispiel die Natur, Geld, Schule, Freundschaft, Krieg oder was dir sonst wichtig ist.

- Überlegt, was heutzutage für viele Menschen wichtig ist. Seht euch dazu Werbung im Fernsehen an. Wofür wird dort geworben? Haltet ihr diese Dinge für wichtig?

Der Autor *Seton* beschrieb die Indianer als „**Übermenschen**". Er nannte die Indianer die „heldenhafteste Rasse", die „physisch (= körperlich) vollkommenste Rasse" und „spirituellste Zivilisation, die die Welt je sah".

- Erinnere dich an das, was du über Indianer gelernt hast. Diskutiert nun in der Klasse, was ihr von Setons Worten haltet.

Indianer-Leben
Eine Werkstatt

Anhang

Literaturliste

Bücher für Kinder

Zwar war es nicht möglich, auch nur ansatzweise die große Bandbreite an Indianerbüchern zu erfassen, die derzeit existieren. Trotzdem möchte ich an dieser Stelle einige Titel vorstellen. Ausdrücklich möchte ich daher die Leser ermutigen, sich in der Bücherei weitere und auch aktuelle Geschichten anzusehen!

1. Geschichten und Romane

Speare, Elizabeth: **Im Zeichen des Bibers.**
dtv junior, 1991. ISBN 3-423-70103-X
Als Matt für eine Weile allein in einem Blockhaus zurückgelassen wird, lernt er einen Indianerjungen kennen und bemüht sich, ihm Lesen beizubringen. Schließlich weiht der Indianerjunge ihn in seine Geheimnisse ein und führt ihn in sein Dorf.

Recheis, Käthe: **Kleiner Wa-gusch.**
Ravensburger, 1997. ISBN 3-473-52071-3
Wa-gusch ist ein kleiner Indianerjunge. Seine Eltern müssen zum ersten Mal zu Beginn des Frühjahrs fort. Wa-gusch darf nicht mitgehen. Doch seine Freunde helfen ihm über die anfängliche Einsamkeit hinweg. Da sind die Tiere, Bäume, der Bach und das Nachbarmädchen Mindi! Zu diesem Buch gibt es vom Verlag an der Ruhr eine Literatur-Kartei:
Dröge, Carolin: **Literatur-Kartei „Kleiner Wa-gusch".** Verlag an der Ruhr, 2000. ISBN 3-86072-470-3

Wickenhäuser, Ruben Philipp: **Im Labyrinth der Sandberge.** Esslinger Edition Jugendbuch, 2002. ISBN 3-480-21814-8
Niyasni und Ssapa sind Zwillinge. Die beiden Lakota-Jungen sind glücklich, bis Ssapa von Feinden entführt wird. Sein Bruder Niyasni macht sich auf den Weg, um ihn zu retten. Dazu muss er durch das gefährliche Labyrinth der Sandberge. Der Anhang bietet Informationen zur Kultur der Lakota.

Recheis, Käthe: **Sinopah und das Pony.**
Ravensburger, 1996. ISBN 3-473-52013-6
Der Indianerjunge Sinopah träumt von einem gescheckten Pony. Eines Tages entdeckt er eines auf einer Waldlichtung. Doch es gehört einem alten Indianer.
Beim Lesen erfahren die Kinder viel Wissenswertes über den Alltag der Prärie-Indianer.

2. Sachbücher

Simpson, Judith: **Alles, was ich wissen will.**
Indianer. Ravensburger Buchverlag, 2006.
ISBN 3-473-55124-4
Das Buch führt mit vielen farbigen Illustrationen in Lebensformen und Traditionen der verschiedenen Indianerstämme ein. Dargestellt werden Lebensräume, Religion, Kultur, Feste und Bräuche, Kunsthandwerk, Ernährung und Wohnen. Ab 8 Jahren.

Seiler, Signe:
Was ist Was. Indianer.
Tessloff, 2002. ISBN 3-7886-0282-1
Ähnlicher Inhalt wie bei Ravensburger im altbewährten Was-ist-Was-Format.
Ab 8 Jahren. Passend dazu gibt es den Was ist Was Quizblock mit 60 Fragen und Antworten rund ums Thema. Tessloff, 2001.
ISBN 3-7886-0859-5

Chaffin, Francoise/Rochut, Jean-Noël:
Maya, Azteken, Inka. Was Kinder erfahren und verstehen wollen.
Fleurus Verlag, 2002. ISBN 3-89717-157-0
Ein reich bebildertes Sachbuch zu den Hochkulturen Mittel- und Südamerikas, das sich nicht auf die drei im Titel genannten Völker beschränkt. Gut zu lesen und übersichtlich gegliedert, streift es viele interessante Aspekte des damaligen Lebens, darunter Essen, „Papier"-Herstellung, Handwerk, Erziehung und die Art der Häuser. Das Buch ist ein guter und anregender Einstieg in die geheimnisvolle Welt jener Völker.

Literaturliste

Morris, Neil:
Mayas, Azteken, Inkas. Alltagsleben damals.
Tessloff, 2003. ISBN 3-7886-1341-6
Dieses Buch aus der Reihe gibt einen gelungenen Einblick in den Alltag der Maya, Inkas und Azteken, veranschaulicht durch detailgetreue Abbildungen von archäologischen Funden und Kunstwerken. Eine Zeitleiste erleichtert dabei die Einordnung der Epoche. Der Clou: farbige Aufdeckfolien eröffnen Einblicke in Tempel, Siedlungen u.Ä. Ab 10 Jahre.

3. CD-ROMs

Sethi, 2 CD-ROMs:
CD 1: Sethi und das Geheimnis des Pharaos
CD 2: Sethi und das Geheimnis des Sonnentempels.
Junior National Geographic.
United Soft Media, 2003.
ISBN 3-8032-4545-
Während das erste Abenteuer nach Ägypten führt, muss der Junge Sethi im zweiten der Königin der Inkas helfen, die an einer seltsamen Krankheit leidet. Dazu besorgt er zuerst einige Dinge in seinem Dorf – die Kinder erfahren dabei spielerisch etwas über Kleidung, Nahrung und Musik. Außerdem gibt es ein Sprachlexikon, einen Berater, der mehr über die Kultur verrät, eine Karte, aber auch einen „Fotoapparat", mit dem Szenen als Bilder gespeichert werden können.
Für Windows 95/98/Me/NT/2000/XP und MacOS, ab 6 Jahren.

Material für Lehrer

1. Filme

Das Thema „Indianerfilme" soll hier nur angerissen werden, da es höchstens möglich sein wird, den Kindern Ausschnitte zu zeigen. Die meisten Filme sind für Kinder im Grundschulalter noch nicht geeignet. Aber vielleicht möchten Sie sich als Lehrer auch einmal in Ihrem Sessel zurücklehnen und sich mit diesen Filmen auf das Projekt einstimmen.

Der bekannteste Film ist sicherlich **Der mit dem Wolf tanzt,** obgleich er die Lakota als recht friedfertiges Volk erscheinen lässt – das waren sie nicht. Interessant im Zusammenhang mit dem Angebot „Supermarkt auf vier Beinen" (S. 25) sind die Szenen mit den wandernden Bisons, die zu Hunderten über die Plains ziehen.

Ähnlich gut, aber weitaus weniger bekannt, ist **Der Mann, den sie Pferd nannten** – allerdings nur die ersten beiden Teile. Der dritte Teil ist leider völlig misslungen.

Tschetan, der Indianerjunge wird von einem Siedler gerettet und aufgenommen. Ihr Verhältnis ist gespannt und kühl, bis sie sich gemeinsam gegen einen Feind wehren.

Eine ausgezeichnete Darstellung der gegenwärtigen Zustände in vielen Resevaten, vor allem aber eine gute Skizzierung der Mentalität der dort lebenden Menschen bietet der Film **Halbblut**, ein handfester Krimi mit erschreckenden Parallelen zur tatsächlichen Geschichte einiger Reservate. Der Film thematisiert auch die Alltagsprobleme Rassismus und Arbeitslosigkeit auf spannende und unterhaltsame Weise.
Der Smaragdwald stellt hingegen das Leben der Amazonas-Indianer in den heutigen Zeit in den Mittelpunkt, ebenso wie der Film **Medicine Man**. Beide machen auch deutlich, dass nach wie vor die Kapitel Raubbau an der Natur und Ausbeutung und Verfolgung der Ureinwohner durch weiße Siedler nicht abgeschlossen sind.
Was **Dokumentarfilme** betrifft, so finden sich vor allem in den dritten Programmen immer wieder gut gemachte Filme sowohl zu nord-amerikanischen Völkern als auch zu den mittel- und südamerikanischen Kulturen. Ein solcher Film kann als Einführung des Themas besonders gut geeignet sein. Filme, die speziell für den Unterricht gemacht sind,

Material für Lehrer

finden Sie beim Institut für Film und Bild in Wissenschaft und Unterricht (**www.fwu.de**) oder zur Ausleihe bei den Landesbildstellen (Medienzentren).

2. Fachbücher

Folgende Bücher ermöglichen einen raschen Einstieg in die Thematik.

Gerber, Peter/Ammann, Georges: **Prärie- und Plainsindianer.** *Pestalozzianum Verlag, 1997. ISBN 3-403-09871-0*
Ein herausragendes, weil umfangreiches und ausgezeichnet durchdachtes Arbeitsbuch für (höheren) Unterricht und Jugendarbeit vom Kurator des Züricher Völkerkundemuseums. Viele Anregungen, gut strukturiert, teilweise mit kopierbaren Arbeitsblättern, Aufarbeitung sowohl der historischen Kulturen wie der heutigen Situation.

Gerber, Peter/Ammann, Georges: **Nordwestküsten-Indianer.** *Pestalozzianum Verlag, 1997. ISBN 3-907526-47-3*
Arbeitsbuch zu den Nordwestküsten-Indianern. Mit Bildzeichnungsbeispielen und Erläuterung von Designelementen der Nordwestküstenkunst. Eine schöne Beschäftigung mit weniger bekannten, aber nicht weniger beeindruckenden indianischen Kulturen.

3. Lebenserinnerungen von Indianern

Relativ leicht lesbar, daher ggf. auch im Unterricht einsetzbar:

Schwarzer Hirsch: **Ich rufe mein Volk.** *Lamuv, 1999. ISBN 3-88977-541-1*
Der Geheimnismann Black Elk erzählt seine Kindheitserinnerungen. Sehr aufschlussreich. Allerdings muss der notwendige Abstand beim Lesen gewahrt bleiben: Allzu schnell mag man einer Verklärung verfallen.

Buffalo Child Long Lance: **Häuptling Büffelkind Langspeer.** *Lamuv, 1987. ISBN 3-88977-540-3*
Schöner Bericht der Kindheits- und Jugenderinnerungen von Büffelkind Langspeer, einem Schwarzfußindianer (nicht Lakota-Schwarzfuß). Weniger spirituell als Schwarzer Hirsch, trotzdem Vorsicht vor Verklärung!

Eastman, Charles: **Ohijesa. Jugenderinnerungen eines Sioux-Indianers.** *Frankfurt a. M., 1976*
Ähnlich den Lebenserinnerungen von Schwarzer Hirsch oder Häuptling Langspeer, leicht zu lesen. Leider nur noch im Antiquariat erhältlich.

4. Weiterführende Literatur

Brown, Dee: **Begrabt mein Herz an der Biegung des Flusses.** *Droemer Knaur, 1999. ISBN 3-426-62804-X*
Die Geschichte gebrochener Verträge und Versprechen am Beispiel vieler verschiedener Einzelfälle wie Wounded Knee, Cochise u.a. Fand große Beachtung im Menschenrechts-Aktivistenbereich, kontrovers diskutiert.

Catlin, George: **Die Indianer Nordamerikas. Abenteuer und Schicksale.** *Edition Erdmann, 2003. ISBN 3-86503-224-9*
Der Reisebericht des Malers George Catlin. Sehr aufschlussreich. In heute nicht mehr ganz einfach zu lesendem Stil. Da dies eine Darstellung von Beobachtetem ist, sind die Angaben nicht immer allzu ausführlich und detailliert.

Läng, Hans: **Indianer waren meine Freunde. Leben und Werk Karl Bodmers (1809–1893).** *Knobel Art Collections, 1993. ISBN 3-9520463-0-2*
Karl Bodmer war einer der besten Reisezeichner und -maler nordamerikanischer indianischer Kulturen.

Literaturliste

Mails, Thomas E.: **The Mystic Warriors of the Plains.** Marlowe & Co, 2002.
ISBN 156924538X
Von vielen als *das* Standardwerk über die Lakota betrachtet. Ein Wälzer von mehreren Kilo Gewicht. Problem: Viele Lakota sind wegen der Entstehungsgeschichte mit dieser Publikation nicht ganz einverstanden.
In Englisch. Leider nur noch im Antiquariat erhältlich.

Mails, Thomas E.: **Oyate Wica Ni Ktelo. Das Volk soll leben.**
Der Sonnentanz der Sioux. Arun, 1999.
ISBN 3-927940-57-7
Ausführliches Werk zu den religiösen Riten der Sioux. Mit seltenen Fotos, detailreichen Skizzen und Illustrationen.

Schulze-Thulin, Axel: **Weg ohne Mokassins. Die Indianer Nordamerikas heute.**
Düsseldorf, 1976
Ein gutes Buch, das einen Überblick über die Gegenwartssituation der Indianer Nordamerikas verschafft. Da nicht aktualisiert, besonders zeitgeschichtlich interessant. Leider nur noch im Antiquariat erhältlich.

Schwarzer Hirsch: **Die heilige Pfeife.**
Lamuv, 2000. ISBN 3-88977-591-8
Ähnlich wie „Ich rufe mein Volk", jedoch sehr ausführlich zu spirituellen Aspekten. Jedoch mit Vorsicht zu lesen: Die Rituale scheinen sich nur zu leicht kopieren zu lassen und können die starke Verführungskraft einer scheinbaren spirituellen Glaubensalternative entfalten.

Seton, Thompson Ernest: **Das Manifest des Roten Mannes.** Waldeck, 1985
Dies ist keine Empfehlung!
Seton verherrlicht seinen „Roten Mann" und sucht dies mit Zitaten von Zeitgenossen zu untermauern. Undifferenzierte Klischees im Mäntelchen pseudo-wissenschaftlicher Berichterstattung, versetzt mit zeitgenössischer Übermenschenideologie. Das Original erschien im Jahr 1936 in New Mexico.

Thaler, Monika: **Die Welt der Indianer.**
Frederking und Thaler, 1998.
ISBN 3-89405-331-3
Reich illustriertes Werk zu Geschichte und aktueller Situation nordamerikanischer Völker. Auch viel moderne indianische Kunst.

Wickenhäuser, Ruben: **Indianer-Spiele. Spiele der Ureinwohner Amerikas für die Kids von heute.** Verlag an der Ruhr, 1997.
ISBN 3-86072-293-X
Sammlung von über 120 indianischen Spielen zur Umsetzung in Schule und Freizeit.
Für Eltern, Lehrer und pädagogisch Tätige, kein Kinderbuch. Mit umfangreichen Erläuterungen, vielen interessanten Fußnoten und Literaturliste zu historischen Hintergründen.

Internetseiten

Ein Hinweis vorweg: *Die Auflistung von Internetseiten in einem Druckwerk ist riskant. Nicht nur, weil Seiten mit der Zeit „verschwinden" können; sondern auch, weil ihre Inhalte sich enorm wandeln können und sich jeder als „Fachmann" auszugeben vermag.*
In einem Fall wurden sogar ganze Kapitel eines Sachbuches wortgleich kopiert – das ist nicht nur dreist, sondern auch ein Schlag ins Gesicht der Autoren der gedruckten Beiträge! Also müssen sämtliche hier aufgeführten Seiten mit Vorsicht betrachtet werden. Auch können nur wenige kurze Beschreibungen gegeben werden. Keine Internetseite kann die Lektüre von Sach- und Fachliteratur ersetzen!

www.welt-der-indianer.de
Heldenhafte Häuptlinge und nicht zuletzt der Fernseh-Winnetou schmücken diese Homepage. Dennoch scheinen die Seiten anschaulich, vielseitig und ausführlich zu sein.

www.indianer-welt.de
Eine sachlich wirkende, recht ausführliche Homepage zum Thema.

Literaturliste/Internetseiten

www.radlhammer.com
Informationen zu nordamerikanischen Indianern.

www.indianer-leben.de
Weitere Informationen, Pfeilbauanleitungen mit Fotos und ggf. auch Erweiterungen zu dieser Werkstatt, zur Problematik von Indianerliteratur heute, Literaturhinweise usw.

www.indianer.de
Sehr umfangreiche Seite, schwerpunktmäßig über den Alltag der Indianer Nordamerikas.

www.indianerwww.de
Hier werden die Kulturen Nord-, Mittel- und Südamerikas berücksichtigt.

Völkerkundemuseen mit Sammlungen, Ausstellungen oder Veranstaltungen zu den Indianern:
München: **www.voelkerkundemuseum-muenchen.de**
Zürich: **www.musethno.unizh.ch**
Berlin: **www.jadu.de/berlin/text/museum/vkm/index.htm**

---

www.verlagruhr.de
Da sich Internetadressen schnell ändern können, finden Sie auf unserer Homepage unter dem Artikel „Indianer-Leben. Eine Werkstatt" eine stets aktualisierte Linkliste.

Lösungen

Die Geschichte der Indianer (S. 12)

- Meeresküste – Fischer
- Fruchtbares Hügelland – Ackerbauern
- Berge mit Gold- und Edelsteinvorkommen – Schmuckhersteller
- Grassteppe – Bisonjäger
- Dichtes Waldland – Jäger und Sammler

Die Häuser der Indianer (S. 17)

Lösungsbeispiele:

- **Tipi**/wenig Regen/Prärie mit Bisons/Nomadenvölker (z.B. Cheyenne, Lakota, Cherokee),
- **Iglu**/sehr kalt/Schnee und Eis/Nomadenvölker (z.B. Inuit),
- **Wigwam**/wenig Regen/große Wälder/Nomadenvölker (z.B. Ojibwa),
- **Holzhaus**/viel Regen/große Wälder/Völker mit einem festen Wohnort (z.B. Nootka),
- **Pueblo**/sehr heiß, viel Sonne/Steinwüste/Völker mit einem festen Wohnsitz (z.B. Hopi, Zuni),
- **Laubhütte**/viel Regen/Urwald/Nomaden oder auch Völker mit einem festen Wohnort (z.B. Yanomami)

Federbusch und Goldkrone (S. 20)

S	U	D	H	Ä	U	P	T	L	I	N	G	Q	M
V	N	N	B	L	I	Z	G	F	D	E	M	A	T
T	B	F	M	T	G	S	A	D	Z	W	Q	M	A
K	A	I	S	E	R	B	W	A	F	D	S	R	N
Y	X	S	Q	S	D	X	E	D	N	M	K	Ö	N
N	L	Ä	T	T	T	E	Q	L	K	L	L	M	A
W	G	E	H	E	I	M	N	I	S	M	A	N	N
I	T	S	X	R	Z	N	F	G	D	O	V	F	M
V	A	E	O	X	D	Ä	P	E	Q	R	E	M	N
M	S	O	L	D	A	T	T	R	A	T	Ü	O	V

Die Jagd (S. 23)

1. sehr weit wandern
2. Spuren lesen
3. auflauern und Geduld haben
4. anschleichen
5. Bogen schießen
6. Beute zerlegen
7. Fleisch auf Transportschlitten binden
8. sehr weit zurückwandern
9. die leckersten Stücke an die ärmsten Menschen des Dorfes verschenken
10. die Beute zubereiten und aufessen

Hinweis: „Sehr weit wandern" bezieht sich auf das Aufsuchen viel versprechender Jagdgebiete. Lassen Sie die Kinder ein wenig rätseln, wozu dieser Satz gut sein soll, bevor Sie die Bedeutung verraten …

Supermarkt auf vier Beinen (S. 25)

- Hörner – Löffel
- Gehirn – Gerbmittel
- Schulterblatt – Erd-Hacke
- Haut – Taschen
- Schwanz – Geflochtene Riemen
- Rippen – Nähnadeln
- Schenkelknochen – Pfeilspitzen
- Hufe (auskochen) – Klebstoff
- Fell – Wintermantel
- Haut – Zeltplane
- Blase – Wasserbehälter
- Dünndarm – Bogensehne
- Rückensehnen – Nähgarn
- Bison-Dung – Brennstoff

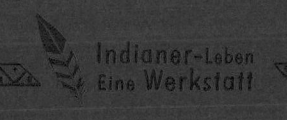

Lösungen

Indianer sprechen anders (S. 26)

Der Häuptling *Sitzender Bisonbulle* heißt auf Englisch **Sitting Bull.**

Der Kleine Dialog auf Lakota lautet übersetzt:
1. Guten Morgen!
2. Hallo Freund!
3. Wie geht es dir?
4. Mir geht es gut! Vielen Dank.
5. Komm! Steh' auf. Beeil dich!
6. Ja!

Tausche Pfeil gegen Kürbis (S. 45)

1. 21 Kürbisse
2. 15 Kürbisse
3. a) 7 Mokassinpaare
   b) 63 Kürbisse
4. a) 6 Pfeile
   b) 3 Mokassinpaare und 1 Pfeil (oder 10 Pfeile)

Der Monat des Gewitters (S. 46)

- **Januar:** Monat, wenn die Kälte ins Tipi kriecht
- **Februar:** Monat der Schneeblindheit
- **März:** Monat, in dem der Samen sprießt
- **April:** Monat der Geburt der Kälber
- **Mai:** Monat, wenn die Ponys werfen
- **Juni:** Monat, der fett macht
- **Juli:** Monat der reifenden Kirschen
- **August:** Monat der schwarzen Kirschen
- **September:** Monat der roten Pflaumen
- **Oktober:** Monat der gelben Blätter
- **November:** Monat der fallenden Blätter
- **Dezember:** Monat, in dem Bäume zerplatzen

Die Magie der Vergangenheit (S. 63)

- Geschnitzter Baumstamm mit Tieren – Totempfahl
- Damit töteten die Azteken Menschen für ihre Götter – Opfermesser
- Diese rauchten einige Indianerstämme bei Vertragsabschlüssen – Friedenspfeife
- langstieliger Hammer mit einem Steinkopf – Kriegskeule

Indianer sein – die schönste Sache der Welt? (S. 64)

- **Krankheit:** Lebensgefahr – Arzt und Medizin
- **Hunger:** Jagen gehen – Supermarkt
- **Hausbau:** mit Naturmaterial selber bauen – Baufirma
- **Körperpflege:** Eiskalter Bach – Warme Dusche
- **Zahnschmerz:** Zahn ziehen – Zahnbehandlung
- **Kochen:** Lagerfeuer – Elektroherd

VERLAG *an der Ruhr*

– Keiner darf zurückbleiben –

Bildungsarbeit mit Kindern: Lernen ja – Verschulung nein!
3–10 J., 129 S., 16 x 23 cm, Paperback
ISBN 978-3-8346-0211-4
Best.-Nr. 60211
9,80 € (D)/10,10 € (A)/17,30 CHF

Individuelle Entwicklungspläne
Schüler optimal begleiten und fördern – Das schwedische Modell
Kl. 1–10, 208 S., A4, Paperback
ISBN 978-3-8346-0261-9
Best.-Nr. 60261
20,80 € (D)/21,40 € (A)/36,40 CHF

Kinder verstehen Gedichte
Frühlings- und Sommergedichte
Kl. 2–4, 79 S., A4, Papphefter
ISBN 978-3-8346-0265-7
Best.-Nr. 60265
19,50 € (D)/20,– € (A)/34,20 CHF

Die Comic-Werkstatt
Ein Besuch bei Micky Maus
Kl. 3–4, 58 S., A4, Papphefter, inkl. 1 Micky Maus Magazin
ISBN 978-3-8346-0187-2
Best.-Nr. 60187
17,50 € (D)/18,– € (A)/30,70 CHF

Mehr unter www.verlagruhr.de

Wilhelm Busch für Grundschulkinder
Kl. 3–4, 68 S., A4, Papphefter
ISBN 978-3-8346-0182-7
Best.-Nr. 60182
18,50 € (D)/19,– € (A)/32,40 CHF

Vorlagen für kleine Lern- und Merkbücher – ABC
Malen, schreiben, lesen, falten
4–7 J., 44 S., A4, Paperback
ISBN 978-3-8346-0263-3
Best.-Nr. 60263
13,– € (D)/13,40 € (A)/23,30 CHF

Das Lese-Aktionsspiel

Ab in die Wüste!
Kl. 2–3, 50 S., 9 x 11 cm, Spielkarten, zweifarbig, inkl. Spielanleitung, in Box
ISBN 978-3-8346-0183-4
Best.-Nr. 60183
9,80 € (D)/10,10 € (A)/17,30 CHF

Auf zum Mond!
Kl. 2–3, 50 S., 9 x 11 cm, Spielkarten, zweifarbig, inkl. Spielanleitung, in Box
ISBN 978-3-8346-0186-5
Best.-Nr. 60186
9,80 € (D)/10,10 € (A)/17,30 CHF

Häuptling Adlerfeder
Kl. 2–3, 50 S., 9 x 11 cm, Spielkarten, zweifarbig, inkl. Spielanleitung, in Box
ISBN 978-3-8346-0185-8
Best.-Nr. 60185
9,80 € (D)/10,10 € (A)/17,30 CHF

Ritterspektakel
Kl. 2–3, 50 S., 9 x 11 cm, Spielkarten, zweifarbig, inkl. Spielanleitung, in Box
ISBN 978-3-8346-0184-1
Best.-Nr. 60184
9,80 € (D)/10,10 € (A)/17,30 CHF

Von Additionstafel bis Zauberdreieck
Blankovorlagen und Anschauungsmaterial für den Mathematikunterricht
Kl. 1–4, 99 S., A4, Ringhefter
ISBN 978-3-8346-0249-7
Best.-Nr. 60249
19,50 € (D)/20,– € (A)/34,20 CHF

Dyskalkulie – Wo ist das Problem?
Hilfen für den Unterrichtsalltag
Für alle Schulstufen, 115 S., A5, Paperback
ISBN 978-3-8346-0061-5
Best.-Nr. 60061
10,50 € (D)/10,80 € (A)/19,30 CHF

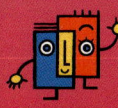

Informationen und Beispielseiten unter www.verlagruhr.de
Verlag an der Ruhr • Postfach 10 22 51
45422 Mülheim an der Ruhr

Bitte richten Sie Ihre Bestellung an:
Verlag an der Ruhr • Tel.: 0208 – 49 50 40
Fax: 0208 – 495 0 495 • bestellung@verlagruhr.de

Ausführliche Infos und Beispielseiten unter www.verlagruhr.de ▶▶

Ants kleines Blumenbuch
Das kinderleichte Bestimmungsbuch für Blumen, Gräser, Kräuter
8–12 J., 97 S., 11,8 x 17,5 cm,
Paperback, vierfarbig
ISBN 978-3-8346-0156-8
Best.-Nr. 60156
9,80 € (D)/10,10 € (A)/18,– CHF

Die Arbeitsmappe zu Ants Blumenbuch
8–12 J., 65 S., A4, Heft
+ Bestimmungsbuch, 96 S.
ISBN 978-3-8346-0155-1
Best.-Nr. 60155
25,– € (D)/25,70 € (A)/43,80 CHF

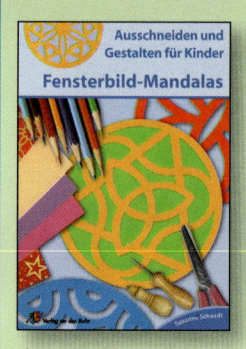

Ausschneiden und Gestalten für Kinder
Fensterbild-Mandalas
5–10 J., 46 S., A4, Paperback,
mi vierf. Abb.
ISBN 978-3-8346-0267-1
Best.-Nr. 60267
13,– € (D)/13,40 € (A)/23,30 CHF

Zeichnen mit der Schere
Annäherungen an Henri Matisse
6–10 J., 98 S., A4, Ringhefter,
mit Audio-CD
ISBN 978-3-8346-0288-5
Best.-Nr. 60288
24,80 € (D)

Wasser erleben und erfahren
Eine Wasser-Werkstatt
für Klasse 1/2
Kl. 1–2, 64 S., A4, Papphefter
ISBN 978-3-8346-0147-6
Best.-Nr. 60147
18,50 € (D)/19,– € (A)/32,40 CHF.

Wasser erkunden und erfahren
Eine Wasser-Werkstatt
für Klasse 3/4
Kl. 3–4, 66 S., A4, Papphefter
ISBN 978-3-8346-0198-8
Best.-Nr. 60198
18,50 € (D)/19,– € (A)/32,40 CHF

Sudokus mit Alltagsmaterialien
Logikrätsel für kleine Knobler
4–7 J., A5 quer, 80 Karten,
vierfarbig, banderoliert
ISBN 978-3-8346-0239-8
Best.-Nr. 60239
19,80 € (D)/20,35 € (A)/34,70 CHF

Jean Tinguely für Kinder
Eine Werkstatt
Kl. 3–4, 65 S., A4, Papphefter
(mit vierf. Abb.)
ISBN 978-3-8346-0100-1
Best.-Nr. 60100
18,50 € (D)/19,– € (A)/32,40 CHF

Mehr unter www.verlagruhr.de

Hinhören lernen
Unsere Ohren – eine Werkstatt mit Hörtrainings-CD
Kl. 2–4, 66 S., A4, Papphefter
(mit Audio-CD)
ISBN 978-3-8346-0195-7
Best.-Nr. 60195
20,– € (D)/20,50 € (A)/35,– CHF

Die Kinder-Lernwerkstatt
Wachsen und größer werden
Lernangebote für Kinder
von 3 bis 6 Jahren
3–6 J., 58 S., A4, Paperback, zweifarbig
ISBN 978-3-8346-0201-5
Best.-Nr. 60201
14,50 € (D)/14,90 € (A)/25,40 CHF

„Ich will nicht, dass die tot sind!"
Die Themen Sterben und Katastrophen mit Grundschulkindern
6–10 J., 99 S., A4, Paperback
ISBN 978-3-8346-0253-4
Best.-Nr. 60253
19,– € (D)/19,50 € (A)/33,30 CHF

Stille Träume
Fantasiereisen für Kinder mit Arbeitsblättern und CD
5–10 J., 69 S., A4, Paperback mit CD
ISBN 978-3-8346-0254-1
Best.-Nr. 60254
20,– € (D)/20,50 € (A)/35,– CHF

Informationen und Beispielseiten
unter www.verlagruhr.de
Verlag an der Ruhr • Postfach 10 22 51
45422 Mülheim an der Ruhr

Bitte richten Sie Ihre Bestellung an:
Verlag an der Ruhr • Tel.: 0208 – 49 50 40
Fax: 0208 – 495 0 495 • bestellung@verlagruhr.de